NO CAMINHO DO
Amor de redenção

NO CAMINHO DO
Amor de redenção

Uma jornada de 40 dias rumo
ao amor redentor de Deus

FRANCINE RIVERS

com KARIN STOCK BUURSMA

Tradução
Sandra Martha Dolinsky

3ª edição
Rio de Janeiro-RJ / São Paulo-SP, 2024

VERUS
EDITORA

Editora
Raïssa Castro

Coordenadora editorial
Ana Paula Gomes

Copidesque
Maria Lúcia A. Maier

Revisão
Cleide Salme

Diagramação
Beatriz Carvalho
Mayara Kelly

Título original
A Path to Redeeming Love

ISBN: 978-65-5924-000-5

Copyright © Francine Rivers, 2020
Todos os direitos reservados.
Edição publicada mediante acordo com Browne & Miller Literary Associates, LLC.

Tradução © Verus Editora, 2021
Direitos reservados em língua portuguesa, no Brasil, por Verus Editora.
Nenhuma parte desta obra pode ser reproduzida ou transmitida por qualquer forma e/ou quaisquer meios (eletrônico ou mecânico, incluindo fotocópia e gravação) ou arquivada em qualquer sistema ou banco de dados sem permissão escrita da editora.

Verus Editora Ltda.
Rua Argentina, 171, São Cristóvão, Rio de Janeiro/RJ, 20921-380
www.veruseditora.com.br

CIP-BRASIL. CATALOGAÇÃO NA FONTE
SINDICATO NACIONAL DOS EDITORES DE LIVROS, RJ

R522n

Rivers, Francine, 1947-
    No caminho do amor de redenção : uma jornada de 40 dias rumo ao amor redentor de Deus / Francine Rivers, Karin Stock Buursma; tradução Sandra Martha Dolinsky. - 3. ed. - São Paulo [SP] : Verus, 2024.
    21cm.

    Tradução de: A Path to Redeeming Love
    ISBN 978-65-5924-000-5

    1. Literatura devocional. 2. Amor - Aspectos religiosos - Cristianismo. 3. Deus - Amor. I. Buursma, Karin Stock. II. Dolinsky, Sandra Martha. III. Título.

21-69004   CDD: 242.2
                                   CDU: 27-29

Camila Donis Hartmann - Bibliotecária - CRB-7/6472

Revisado conforme o novo acordo ortográfico.

Seja um leitor preferencial Record.
Cadastre-se no site www.record.com.br e receba informações sobre nossos lançamentos e nossas promoções.

Atendimento e venda direta ao leitor:
sac@record.com.br

SUMÁRIO

Introdução • 7

REJEIÇÃO • 11

1. Desejo de aprovação • 15
2. Um mundo desprovido de bondade • 21
3. Em busca do perdão • 27
4. De que adianta Deus? • 33

RESIGNAÇÃO • 39

5. Esperando em Deus • 45
6. Medo do desconhecido • 49
7. Sem saída • 53
8. A possibilidade de mudança • 57
9. Aprendendo a se entregar • 61
10. A vida que Deus oferece • 67
11. Desfeito pelo amor • 71
12. Palavras de condenação • 77

RESGATE • 81

13. Dando as costas ao resgate • 87
14. Um Deus que luta por nós • 93
15. Ira e misericórdia • 97

16. Em busca da liberdade • 103
17. Removendo as máculas • 109
18. Segurando a mão que nos resgata • 115
19. O medo do julgamento • 119
20. Aprendendo a amar • 125
21. Ouvindo a voz certa • 131
22. Nada pode nos separar • 135

REDENÇÃO • 141

23. Aprendendo o que é o amor • 145
24. Deus e suas dádivas • 151
25. Abrindo mão de ídolos • 155
26. Satisfazendo nossos anseios • 161
27. Amor sacrificial • 167
28. Quando a barganha não funciona • 173

RECONCILIAÇÃO • 179

29. Construindo a fé por meio da oração • 185
30. O fruto do sofrimento • 191
31. Orações importantes • 197
32. Vendo Jesus • 203
33. O poder de Deus na fraqueza • 209
34. A fragrância de Cristo • 213
35. Venha a mim • 219

RESTAURAÇÃO • 223

36. Entendendo o passado • 229
37. Liberdade no perdão • 235
38. Uma ponte para Cristo • 241
39. O amor transformador de Deus • 245
40. Um novo nome • 249

INTRODUÇÃO

A história de Oseias, na Bíblia, teve muito a ver com a decisão de entregar minha vida a Jesus Cristo. Cresci na igreja, mas, como outros, fui capaz de me sentar nos bancos durante anos sem permitir que meu coração fosse tocado pelo evangelho. O conhecimento é bom, mas é o amor que nos transforma, o amor de Cristo. Depois de estudar o livro de Oseias, vi quão paciente e profundo é o amor de Deus por mim — e por todos. Como não me apaixonar por Deus por meio de seu Filho, Jesus? Por que me rebelei e resisti durante tanto tempo?

A essa altura da vida, eu já escrevia histórias de amor havia quase dez anos, e percebi quanto o amor de Deus por nós é mais profundo que aquilo que lemos em romances ou vemos em filmes românticos. O amor de Deus é um fogo que a tudo consome! Sua paixão por nós, cada um de nós, está além de nossa compreensão. Seu amor é tão intenso, profundo e amplo que exigiu o sacrifício de sangue de seu próprio Filho para expiar nossos pecados e abrir o caminho para ele. O amor que ele oferece a cada um de nós é forte para sempre. Nunca oscila por sentimentos ou circunstâncias. Ele é fiel, confiável e amante de nossa alma, oferecendo-nos um casamento consumado pela habitação do Espírito Santo. Quando dizemos sim a Jesus, estamos *em* Cristo, selados e seguros, independentemente do que aconteça. Ele nunca vai nos abandonar.

Enquanto eu estudava o livro de Oseias, senti o Senhor me instigando a escrever sua história de amor. A vida desse profeta me deu o enredo. Ao estudar a personalidade de Deus a fim de desenvolver o personagem Michael, orei para que os leitores vissem a diferença entre o que eu estava escrevendo (*eros*, ou amor sensual) e o amor verdadeiro — fervoroso, sacrificial, imutável e eterno. Quando leitores me escreviam dizendo que ansiavam por conhecer um homem como Michael, eu respondia: "Você pode! Seu nome é Jesus!" Foi por isso que escrevi *Amor de redenção*: para que você saiba quanto é amado e, que não importa o que tenha passado, Deus o ama e quer. Ele pode fazer beleza das cinzas. Ele torna todas as coisas novas.

Karin Buursma e eu trabalhamos juntas para selecionar as verdades do amor sem fim de Deus destacadas no livro e expandi-las em um formato devocional. Cada devoção começa com uma cena de *Amor de redenção*, traçando a jornada de Angel do desespero e rejeição ao resgate, à redenção e, por fim, à restauração completa. Reunimos os principais temas espirituais da história — como o dom da esperança, a realidade da presença de Deus conosco mesmo em tempos difíceis e o poder transformador do perdão de Deus — e analisamos o que significam em nossa vida.

As devoções baseiam-se nas Escrituras, porque queremos constantemente direcionar você de volta à Palavra de Deus. É nossa melhor fonte da verdade sobre como Deus realmente é e como ele deseja interagir com seu povo.

Embora nossas circunstâncias sejam, sem dúvida, diferentes das de Angel, todos nós compartilhamos a essência de sua jornada. Muitas vezes nos sentimos rejeitados, achando que ninguém é capaz de nos amar pelo que somos. Nossas mágoas do passado, com uma compreensão distorcida de Deus, podem nos impedir de aceitar totalmente seu amor e acreditar que ele possa redimir as coisas difíceis de nossa vida. Nossa prece é para que, quando terminar de ler este livro, você possa ver mais claramente quem é Deus e como ele está chamando você para ser restaurado nele. Que a verdade do amor redentor de Deus lhe proporcione esperança e alegria à medida que você se aproximar dele.

REJEIÇÃO

Todos nós já vivemos a rejeição. Às vezes, ela ataca de forma sutil, e outras de forma intensa. Olho para meu passado e lembro como doía. Quando era criança, eu ficava parada à porta do quarto de minha mãe enquanto ela me dizia, de sua cama, para ficar fora dali e longe dela. Eu recuava, arrasada e convencida de que minha mãe não me amava. Outras mães abraçavam e beijavam seus filhos. A minha não. A única pessoa que eu via minha mãe beijar era meu pai. Essa rejeição inicial foi a primeira e a mais severa, mas outras se seguiram:

- Eu me sentia excluída, porque todos os alunos populares moravam na cidade, e eu morava a alguns quilômetros de distância.
- Eu sofria bullying e me xingavam.
- Ouvia as pessoas se referirem à estrada rural em que eu morava como "beco das galinhas".

- As meninas debochavam de meus vestidos feitos em casa e herdados de primas.
- Eu me esforcei para vencer um campeonato de natação no fim do verão, mas o prêmio foi para meu primo, que estava nos visitando.
- Eu estava apaixonada por um garoto que gostava de garotas mais bonitas e inteligentes que eu.
- Eu não tive a pontuação necessária para entrar na faculdade que era minha primeira opção.

Quando eu era pequena, chorava por ser rejeitada. No quarto ano, aprendi a fingir que não doía. Conforme crescia, fui ficando melhor em aceitar a rejeição. Por acaso a maioria de nós não tenta superar a dor até ela desaparecer?

A rejeição é uma ferida. Às vezes, ela se cura rapidamente. Às vezes, leva anos. De qualquer maneira, não é preciso muito para reabri-la, para sentir de novo a dor dilacerante e o sangue escorrendo. Às vezes, a rejeição se torna uma infecção que adoece e enfraquece a vida.

Mas, às vezes, há outro lado na rejeição que vivenciamos, um lado de que nunca suspeitaríamos enquanto a luz não brilhasse sobre ele e nós buscássemos o amor e a aceitação que desejamos desde o ventre de nossa mãe.

DIA I

Desejo de aprovação

ALEX STAFFORD OLHOU IRRITADO PARA Sarah. Não disse nada, mantinha os lábios apertados. Sarah procurou ficar bem quieta. Tinha se observado tanto tempo no espelho aquela manhã que sabia o que ele estava vendo. O queixo e o nariz eram do pai, o cabelo louro e a pele clara, da mãe. Os olhos também eram como os da mãe, só que ainda mais azuis. Sarah queria que papai dissesse que ela era bonita, então levantou a cabeça e olhou para ele, esperançosa. Mas seu olhar não foi nada agradável.

A janela da sala estava aberta e Sarah conseguia ouvir as vozes. Mamãe gostava que a sala ficasse perfumada com o cheiro das rosas. Sarah queria ouvir a conversa dos pais, assim saberia a hora que papai a chamasse de volta. Se ficasse bem quieta, não atrapalharia, e mamãe só teria de se debruçar na janela para chamá-la.

— O que eu podia fazer, Alex? Você nunca passou mais de um minuto com ela. O que eu deveria ter dito? Que o pai não se importa com ela? Que preferia que ela nunca tivesse nascido?

Sarah ficou boquiaberta. Negue isso, papai! Diga que não é verdade!

～⌘～

Ansiamos pela aprovação daqueles que admiramos. Mas o que acontece quando não a recebemos?

Sarah idolatrou a idealização de seu pai durante anos. Esperava que ele a amasse do jeito que ela sempre sonhara, que ele tivesse orgulho dela, que lhe desse atenção, até mesmo que se deleitasse com ela. A verdade que ouviu — que seu pai desejava que ela nunca houvesse nascido — a deixou arrasada. E a rejeição de Alex lançou sombras de longo alcance. Suas palavras penetraram o coração de Sarah e formaram as mais profundas verdades que ela acreditava sobre si mesma: que ela não tinha valor e não era amada, e teria sido melhor se nunca houvesse existido.

A rejeição é um fardo pesado para qualquer pessoa — criança ou adulto. No entanto, todos nós o carregamos. Quer esse fardo venha de um pai ou de um amigo, de um professor ou de um colega, todos nós já passamos por momentos em que outros nos avaliaram e nos disseram, por meio de palavras humilhantes, olhares desdenhosos ou ações excludentes, que nos achavam insuficientes.

Quais palavras de rejeição penetraram mais profundamente seu coração?

- "Eu não o amo mais."
- "Você não é bonito ou inteligente o bastante."

- "Você é chato."
- "Ninguém gosta de você."

Quando não nos importamos com a pessoa que fala, essas palavras podem entrar por um ouvido e sair pelo outro. Damos de ombros ou reviramos os olhos, e as palavras cruéis desaparecem. São esquecidas. Porém, com mais frequência, essas palavras permanecem em nossa mente e se tornam parte de nós. Nós as puxamos de volta e as analisamos repetidamente, e, cada vez que o fazemos, acreditamos nelas um pouco mais.

Com o tempo, nosso cérebro pode transformar "Eu não o amo" em "Ninguém nunca vai amar você". "Você não é bom nisso" pode se tornar "Você não é bom o suficiente" e "Você não vale nada". As mensagens se tornam mais amplas, abrangendo mais de nós e corroendo nosso senso de valor. Ficamos imaginando se nossa vida é um erro.

Como podemos seguir em frente se deixarmos que a rejeição dos outros nos defina? Um salmo de Davi fala a verdade sobre essas mentiras:

> Tu criaste o íntimo do meu ser e me teceste no ventre de minha mãe.
> Eu te louvo porque me fizeste de modo especial e admirável. Tuas obras são maravilhosas! Disso tenho plena certeza.
> Meus ossos não estavam escondidos de ti quando em secreto fui formado e entretecido como nas profundezas da terra.

> Os teus olhos viram o meu embrião; todos os dias determinados para mim foram escritos no teu livro antes de qualquer deles existir.
>
> (Salmo 139,13-16)*

Essas palavras falam com fervor sobre como Deus nos criou, deliberadamente nos moldando. Você se pergunta se é um erro estar vivo? *Deus criou o íntimo do seu ser e o teceu no ventre de sua mãe.* Você questiona seu próprio valor? *Você foi feito de modo especial e admirável.* Você sente que é imperfeito? Deus *o formou e entreteceu como nas profundezas da terra.* Você se sente desconhecido e sozinho? *Deus vê você.*

O pai de Sarah a considerava um erro, um aborrecimento, um fardo do qual queria se livrar. Sua mãe a amava de um modo imperfeito, vendo-a como um obstáculo ao afeto de Alex. Mas a maneira como seus pais a viam não harmonizava com quem ela realmente era.

A verdade mais profunda sobre nós é que fomos criados por Deus. Somos amados. Somos conhecidos e vistos. Além disso, Deus se deleita conosco!

A maneira como Sofonias 3,17 retrata Deus é quase surpreendente:

> O Senhor teu Deus, o poderoso, está no meio de ti, ele salvará; ele se deleitará em ti com alegria; calar-se-á por seu amor, regozijar-se-á em ti com júbilo.*

---

* Todas as citações da Bíblia foram retiradas de bibliaonline.com.br (N. da T.)

Se aquele que nos criou se deleita e se alegra em nós, podemos saber que nunca somos indesejados ou inúteis, independentemente do que os outros digam. Se você sofre por se sentir rejeitado, deixe que as palavras ásperas dos outros o direcionem ao Único cuja aceitação é importante. Deixe a verdade das palavras de Deus penetrar profundamente seu coração e permear todos os aspectos de quem você é. Você é valioso. Você é querido. Você é amado.

Medite sobre o Salmo 139,13-16 e analise o que os versículos dizem sobre sua criação deliberada. Que mensagens de rejeição em sua mente isso pode substituir?

DIA 2

Um mundo desprovido de bondade

ELA [CLÉO] BEBEU UM GRANDE *gole de rum, engoliu as lágrimas e o sofrimento e liberou toda a amargura e a raiva.*
— *Tudo o que os homens querem é usá-la. Quando você lhes dá seu coração, eles o fazem em pedaços.*
Sarah olhou para ela com os olhos esbugalhados e apavorados. Ela tremia violentamente. Cléo parou de apertá-la.
— *Sua mãe disse para eu tomar conta de você — falou. — Ora, eu vou cuidar de você. Vou lhe contar a verdade de Deus. É para ouvir e aprender.*
Cléo a soltou e Sarah ficou sentada, completamente imóvel.
Olhando para a menina com expressão furiosa, Cléo caiu sentada numa cadeira perto da janela e bebeu mais um gole de rum. Apontou o dedo e tentou firmar a mão.
— *Seu lindo papai não se importa com ninguém, menos ainda com você. Mais cedo ou mais tarde ele vai se cansar dela e jogá-la no lixo. E você vai junto. É a única coisa com que você pode contar.*

Agora Sarah estava chorando e passando a mão no rosto molhado de lágrimas.

— Ninguém liga para ninguém neste mundo — disse Cléo, cada vez mais triste e mais lerda. —Todos usamos uns aos outros, de um jeito ou de outro. Para nos sentir bem. Para nos sentir mal. Para não sentir nada. Os que têm sorte são muito bons nisso. Como Merrick. Como o seu rico papai. O resto de nós só pega o que puder.

Quando vemos o mundo pelas lentes das experiências que já tivemos, nossa visão pode acabar terrivelmente distorcida.

O mundo confortável de Sarah, de oito anos, já havia começado a desmoronar ao seu redor quando ela conheceu o pai e percebeu que ele não era como ela esperava. Desmoronou ainda mais quando sua mãe a mandou embora com Cléo, que claramente a considerava um fardo e desejava que ela não estivesse lá. Já se sentindo rejeitada e sozinha, Sarah foi duramente atingida pelo discurso amargo de Cléo. Isso a fez questionar tudo que sabia sobre a vida, inclusive o carinho e o amor que vivenciara com a mãe. Nada daquilo era real? Ninguém neste mundo se importava de verdade com outra pessoa?

Em nossos momentos mais sombrios, muitos de nós também fazemos essas perguntas. Quando nos sentimos desesperadamente sozinhos, nos perguntamos se por acaso a compaixão genuína existe. Tornamo-nos cínicos, presumindo que os outros têm motivos egoístas para tudo que fazem. Pensar dessa maneira tem ramificações em nosso coração. Quando acreditamos que o mundo é um lugar frio, governado pelo egoísmo e pela rejeição, começamos a nos voltar para dentro. Não confiamos em ninguém. Como poderíamos? Ninguém se importa, cada um cuida de si, e a bondade é uma ilusão.

Passamos a acreditar em uma grande mentira: se não cuidarmos de nós mesmos, ninguém mais cuidará.

Mas encontramos um belo antídoto para essa mentira nas Escrituras:

> Porém Sião diz: Já me desamparou o Senhor, e o meu Senhor se esqueceu de mim.
> Porventura pode uma mulher esquecer-se tanto de seu filho que cria, que não se compadeça dele, do filho do seu ventre? Mas, ainda que esta se esquecesse dele, contudo eu não me esquecerei de ti.
> Eis que nas palmas das minhas mãos eu te gravei; os teus muros estão continuamente diante de mim.
> (Isaías 49,14-16)

O Senhor não esconde o fato de que os relacionamentos humanos fracassam. Alguns de nós vivenciamos rejeição ou indiferença daqueles que mais deveriam nos amar, e isso nos magoa profundamente. Mas, mesmo assim, mesmo nas piores circunstâncias, não somos abandonados para abrir nosso caminho no mundo. Deus *nunca* se esquecerá de nós.

Nosso nome está gravado para sempre em suas mãos. Ele nos ama "com amor eterno" (Jeremias 31,3). O carinho e a compaixão de Deus por nós não têm fim.

Sim, encontraremos pessoas que vão nos machucar, que vão nos esquecer ou tentar nos usar para fins egoístas. Isso tudo é parte do mundo decaído em que vivemos, e sofremos por tais fatos. Mas não é só isso que existe. O mundo não pode operar apenas com base no egoísmo porque foi criado e é governado por um Deus que opera no amor. Naqueles momentos em que nos sentimos rejeitados, quando nos perguntamos se alguém se importa e quando lutamos para ver vislumbres de amor e bondade nas pessoas ao nosso redor, devemos nos voltar para Deus e permitir que ele recalibre nossa visão de mundo.

Cléo achou que estava dizendo a verdade de Deus, mas sua visão havia sido distorcida por suas próprias circunstâncias dolorosas. Isaías 40,11 apresenta uma imagem convincente de como o mundo realmente é para aqueles que confiam em Deus:

> Como pastor apascentará o seu rebanho; entre os seus braços recolherá os cordeirinhos, e os levará no seu regaço; as que amamentam guiará suavemente.

Se você está se perguntando se existe amor ou altruísmo no mundo, apegue-se a essa imagem de Deus cuidando de você ternamente, assim como um pastor conduz suas ovelhas e as carrega perto de seu coração.

Quando nos sentimos sozinhos, rejeitados pela indelicadeza ou indiferença das pessoas, podemos lembrar que o amor de Deus, e não o egoísmo das pessoas, é, em última análise, a força motriz de nossa vida. Quando acreditamos nisso, podemos abrir mão da necessidade de nos proteger e sempre zelar por nossos interesses. Quando temos certeza de que Deus nos protege, livramo-nos do medo da rejeição e podemos viver em paz na realidade de seu amor imutável.

Releia Isaías 40,11 e visualize a cena. Medite sobre a realidade de que Deus cuida de você com a mesma ternura que um pastor cuida de suas ovelhas.

DIA 3

Em busca do perdão

Quando chegaram à porta, mamãe *respirou fundo e bateu. Uma mulher a atendeu. Era pequena, grisalha e usava um vestido florido com um avental branco por cima. Olhou fixo para mamãe e seus olhos se encheram de lágrimas.*
— *Oh! — disse. — Oh, oh...*
— *Voltei para casa, mãe — disse mamãe. — Por favor, deixe-me voltar para casa.*
— *Não é tão fácil assim. Sabe que não é fácil.*
— *Não tenho mais para onde ir.*
A senhora abriu a porta e fez as duas entrarem. Levou-as até um quarto pequeno, cheio de livros.
— *Espere aqui que vou falar com seu pai — ela disse e foi embora.*
Mamãe ficou andando de um lado para o outro, esfregando as mãos. Parou uma vez e fechou os olhos, apertando os lábios. A senhora voltou com o rosto branco e enrugado, molhado de lágrimas.

— Não — ela disse.
Uma palavra só. Apenas isso. Não.

⁓⁂⁓

Você já precisou desesperadamente de misericórdia e não recebeu nada? Esse tipo de rejeição causa uma ferida profunda, que demora a cicatrizar.

A mãe de Sarah estava desesperada. Anos atrás, ela havia ido contra a vontade de seus pais e ao que aprendera, deixando tudo para trás por causa de um homem que não era seu marido. O amor — ou o que ela pensava que era amor — a cegou para todo o restante. Ela ignorou os alertas e correu precipitadamente por um caminho que acabou se tornando um beco sem saída. O homem bonito e encantador que ela escolhera não era suficientemente decente e bondoso. Até que ele a abandonou. Ela voltou para casa para se entregar à misericórdia de seus pais, perguntando se poderia voltar a viver com eles.

E eles lhe negaram o pedido.

Não importava para eles que ela houvesse se arrependido. Não importava que ela reconhecesse que eles haviam estado certos o tempo todo. Não importava que Sarah, uma criança inocente, sofresse. E não importava que, ao recusar abrigo para sua filha, eles a estivessem condenando a um destino ainda pior, tornando inevitável que ela se tornasse exatamente o que eles mais temiam. Ela cometera um erro e teria de pagar por ele. Não havia como voltar atrás. Sem perdão. Sem piedade. Só a rejeição, que feriu Sarah profundamente.

Todos nós sentimos o peso da falta de perdão. No momento em que mais precisamos de misericórdia — quando estamos conscientes de nossas falhas, e o peso de nossas escolhas erradas é praticamente impossível de suportar —, procuramos alguém que possa nos ajudar a seguir em frente. Alguém que nos conceda graça e nos ame, apesar do que fizemos. Alguém que nos diga que nem tudo está perdido, que há uma saída para o que parece irremediável e que nossas escolhas equivocadas não nos definirão para sempre.

Mas, muitas vezes, não é isso que acontece. As pessoas insistem em nos fazer recordar o que fizemos, esfregando nossos pecados na nossa cara. Ouvimos seus alertas em alto e bom som:

- "Eu avisei."
- "Fez sua cama, agora deite-se nela."
- "Pedir desculpas não é o bastante."
- "É tarde demais."

Talvez nossa imaginação não seja grande o suficiente para ver que há mais coisas nessa história. Mas a obra de Deus ainda não acabou, e nossas escolhas imperfeitas não precisam ser o fim.

O Salmo 103 pinta uma bela imagem da misericórdia de Deus:

> Misericordioso e piedoso é o Senhor; longânimo e
>   grande em benignidade.
> Não reprovará perpetuamente, nem para sempre
>   reterá a sua ira.

> Não nos tratou segundo os nossos pecados, nem nos recompensou segundo as nossas iniquidades.
> Pois assim como o céu está elevado acima da terra, assim é grande a sua misericórdia para com os que o temem.
> Assim como está longe o oriente do ocidente, assim afasta de nós as nossas transgressões.
>
> (Versículos 8-12)

"Não nos tratou segundo os nossos pecados." Deus, em sua misericórdia, não fica nos fazendo recordar o que fizemos de errado depois que confessamos. Ele não fica recostado, indiferente, vendo-nos sofrer as consequências de nossos pecados. Ele responde a nós com compaixão, dando-nos mais do que merecemos — mais amor, mais graça, mais misericórdia.

Ele não nos "recompensou segundo as nossas iniquidades". Deus não trabalha com um sistema de troca, fazendo-nos pagar pelo que fizemos por meio de penitência ou sofrimento. Ele responde ao nosso arrependimento com graça, compaixão e amor abundante.

"Assim como está longe o oriente do ocidente, assim afasta de nós as nossas transgressões." Isso não significa que não devemos lidar com as consequências, mas sim que, depois de irmos a ele em arrependimento, Deus não continuará guardando nossos pecados para usá-los contra nós. Ele nos perdoa e deixa o passado para trás.

"Misericordioso e piedoso é o Senhor." Sua resposta não é nos envergonhar ou nos rejeitar. Em vez disso, ele nos ama.

Se você está preso na falta de perdão e na rejeição, perceba que essas armadilhas não vêm de Deus. As pessoas podem não oferecer misericórdia, mas Deus oferece. A severidade das pessoas pode nos fazer lembrar de encontrar nosso perdão em Deus, pois ele nos promete perdão. Deus promete que, quando formos a ele, oprimidos por nosso pecado e tristeza, ele aliviará nosso fardo e nos concederá misericórdia.

Releia o Salmo 103,8-12. Imagine Deus recolhendo seus pecados e suas más escolhas e levando-os para tão longe que você nunca mais os verá.

DIA 4

De que adianta Deus?

Os outros começaram a enrolar *mamãe num lençol.*

— *Espere um minuto* — *disse outro, tirando o rosário da mão de mamãe e jogando-o no colo de Sarah.* — *Aposto que ela ia querer que você ficasse com isso, querida.*

O homem acabou de costurar e Sarah ficou passando as contas do terço entre os dedos frios, com o olhar vazio.

Eles foram embora e levaram mamãe. Sarah ficou muito tempo ali, sentada, sozinha, imaginando se Rab cumpriria a promessa de cuidar dela. Quando anoiteceu e ele não voltou, ela desceu para o cais e jogou o rosário num monte de lixo flutuante.

— *De que adianta isso?* — *gritou para o céu.*

Não veio nenhuma resposta.

Lembrou-se de uma vez em que mamãe fora para a igreja grande e conversara com o homem de preto. Ele ficara falando um longo tempo, mamãe escutando de cabeça baixa, as lágrimas escorrendo pelo rosto. Mamãe nunca mais voltara lá, mas às vezes passava as contas pelos dedos finos enquanto a chuva batia na janela.

— *Para que serve isso?* — *berrou Sarah.* — *Diga para mim!*

⚜

De que você adianta, Deus? Sejamos honestos: quem de nós já não se fez essa pergunta? Talvez arrependidos e de uma maneira mais branda, o fato é que todos nós já ponderamos sobre a diferença que a presença de Deus realmente faz em nossa vida.

Sarah fez essa pergunta depois de ver a vida de sua mãe desmoronar e terminar em desespero, apesar de todas as suas orações pedindo ajuda. Sarah ficou sozinha, uma criança indefesa, só com um bêbado para cuidar dela. Ela se sentiu abandonada e rejeitada. Então, de que adianta Deus? Acaso ele havia virado as costas para ela?

Podemos duvidar do amor de Deus por causa de uma crise na vida: a morte de alguém que amamos, um revés financeiro ou a ruptura dolorosa de um relacionamento importante. Muitas coisas podem dar errado, deixando-nos frustrados, exaustos e confusos. Se confiamos em Deus, por que ele não resolve nossos problemas e não nos salva desses terríveis enfrentamentos? Por que devemos segui-lo se não recebemos nenhum benefício tangível? Onde Deus está? Acaso nos rejeitou?

As Escrituras não fornecem respostas fáceis para as perguntas que todos nós nos fazemos. Mas a Bíblia nos oferece verdades às quais nos apegar quando nos questionamos acerca dessas questões.

O Salmo 34,18 nos promete: "Perto está o Senhor dos que têm o coração quebrantado, e salva os contritos de espírito". E Deuteronômio 31,8 nos diz: "O Senhor, pois, é aquele que vai adiante de ti; ele será contigo, não te deixará, nem te desamparará; não temas, nem te espantes".

Quando estamos no fundo do poço — oprimidos, com o coração partido e o espírito abatido —, Deus se aproxima mais de nós. Ele sabe como nos sentimos. Ele se importa. Ele está conosco, apoiando-nos e caminhando ao nosso lado em nossas provações.

Sua presença não responde a todas as nossas perguntas. Não apaga nossos problemas nem faz que tudo fique bem. A vida ainda pode ser extremamente difícil. Mas uma das maiores dádivas de Deus é que não temos de passar por tudo isso sozinhos. Não importa quão difícil sejam, quais sejam as circunstâncias, se nossos problemas são criados por nós ou não, o Deus do universo está conosco.

As dificuldades serão parte integrante da vida enquanto estivermos vivos, então não se permita acreditar que seus desafios significam que Deus o rejeitou. Concentre-se no fato de que ele é o Deus que se preocupa profundamente conosco em meio a nossos desafios. Segundo 2 Coríntios 1,3-4: "Bendito seja o Deus e Pai de nosso Senhor Jesus Cristo, o Pai das misericórdias e o Deus de toda a consolação; Que nos consola em toda a nossa tribulação, para que também possamos consolar os que estiverem em alguma tribulação, com a consolação com que nós mesmos somos consolados por Deus". Podemos não compreender totalmente o que Deus faz, mas podemos confiar em seu coração, amoroso e reconfortante.

João 11 conta a história de Jesus chegando à cidade de Betânia após a morte de seu amigo Lázaro. Quando nosso Senhor viu a irmã de Lázaro, Maria, e outras pessoas de luto, juntou-se a elas.

> Jesus pois, quando a viu chorar, e também chorando os judeus que com ela vinham, moveu-se muito em espírito, e perturbou-se.
> E disse: "Onde o pusestes?"
> Disseram-lhe: "Senhor, vem, e vê".
> Jesus chorou.
> Disseram, pois, os judeus: "Vede como o amava".
> (Versículos 33-36)

O extraordinário é que, embora Jesus soubesse que ressuscitaria Lázaro dos mortos em poucos minutos, não se apressou a fazer o milagre. Ele se permitiu tempo para lamentar a morte de Lázaro e dar atenção à tristeza dos amigos e familiares. A dor tinha um significado, mesmo que o resultado final estivesse a um passo de ser revertido.

Quando você se perguntar onde Deus está ou se ele se importa, imagine Jesus cheio de compaixão chorando diante do túmulo de Lázaro. Ele sofre com aqueles que sofrem. Ele fica ao nosso lado e nos consola quando temos problemas.

> *Decore o Salmo 34,18 ou Deuteronômio 31,8. Hoje, quando se sentir oprimido ou desanimado, repita o versículo e lembre-se de que Deus está com você em todas as suas dificuldades.*

RESIGNAÇÃO

Resignar-se significa aceitar algo desagradável que não se pode mudar. Todos os dias encontramos pessoas resignadas. Vemos a desesperança em seus olhos e a ouvimos em sua voz. São feridas que desperdiçam seu tempo neste planeta. A resignação diz: "A vida é assim. Nós crescemos, trabalhamos muito, envelhecemos e morremos".

Depois de ter feito um aborto na época da faculdade, eu me resignei a viver com o remorso por ter cometido algo que eu acreditava ser um pecado imperdoável — tirar a vida de meu filho. Não importava quantas pessoas me dissessem, antes ou depois, que eu havia tomado "a decisão certa" ou que "ainda não era uma criança de verdade". Eu sabia a verdade. Minha escolha me deixou um vazio que eu não conseguia preencher.

Então pensei em suicídio. A morte seria justa e acertada, não é? Eu havia tirado uma vida, portanto minha vida deveria ser castigada. Mas o medo me impediu. Eu pensava que essa escolha me condenaria ao inferno e eu não queria ir para lá. Achei melhor ficar viva e enterrar a memória, a culpa e a vergonha, para conseguir esquecer. Afinal, não podia mais voltar atrás e mudar o que eu havia feito. Que outra escolha eu tinha senão conviver com a dor?

A verdade era como uma pedra jogada no fundo de meu peito, provocando ondas e mais ondas de consequências em minha vida. Rick também se sentia assim, embora não houvesse participado da decisão. Quando Rick e eu perdemos três dos nossos filhos em abortos espontâneos, ele sofreu, mas eu me resignei. Eu merecia perder meus filhos, não é?

A resignação pode sufocar a esperança, causar depressão e destruir a alegria. Pode se tornar rendição ao cativeiro. Ela define um curso para a longa caminhada pela vida. É aceitar esta ideia: "As coisas são assim mesmo; nada vai melhorar. A culpa é minha".

Nem sempre são nossas escolhas que levam à resignação. Às vezes, isso pode se dar por causa do que acontece conosco e se disfarça como uma questão de sobrevivência.

Uma criança é sequestrada ou seduzida, depois estuprada, traficada e mantida em cativeiro.

Um soldado é gravemente ferido durante a guerra.

Um incêndio arrasa propriedades, mudando a paisagem de uma cidade inteira.

Terremotos, inundações, guerras, quebras de mercado, doenças ou mortes de entes queridos — tantas coisas estão fora do nosso controle! Mas temos que *suportar* a vida? Não seria melhor *vivê-la*?

Com todas as coisas que podem acontecer — e muitas vezes acontecem —, a maneira como resistimos ainda é uma decisão. Não importam as circunstâncias, a vida não precisa ser governada pela resignação. E, por mais impossível que pareça, a rendição pode ser a decisão que traz o fogo purificador, a nova vida e a alegria que ansiamos experimentar.

DIA 5

🌹

Esperando em Deus

HOSEA REALMENTE VOLTOU, NA NOITE *seguinte e na outra. Toda vez que Angel o via, sua inquietação aumentava. Ele falava e ela sentia o desespero aumentar. Sabia muito bem que não tinha de acreditar em nada, em ninguém. Não tinha aprendido do jeito mais difícil? A esperança era um sonho, e correr atrás dela tinha transformado sua vida num insuportável pesadelo. Não seria atraída por palavras e promessas novamente. Não deixaria um homem convencê-la de que havia qualquer ccisa melhor do que aquilo que tinha.*

Mesmo assim, não conseguia desfazer a tensão que crescia toda vez que abria a porta e via aquele homem ali. Ele jamais encostara a mão nela. Ficava apenas colorindo imagens de liberdade com palavras que ressuscitavam a antiga e dolorosa carência que sentia quando era criança. Uma sede que nunca acabava. E, toda vez que fugira para encontrar uma resposta para isso, algum desastre se abatera sobre ela. No entanto, continuou tentando. Da última vez aquela sede a fez fugir de Duke e ir parar naquele lugar horrível e fedorento.

Bem, finalmente aprendera a lição. Nada melhorava, nunca. As coisas só iam de mal a pior. Era mais sensato se conformar e aceitar para sobreviver.

༺☙

O que acontece quando perdemos a esperança?

A esperança de Angel foi destruída, pouco a pouco, por anos de trauma. Rab. Duque. Johnny. As mulheres que a atacaram no navio. Os homens que apareciam noite após noite. Uma decepção após a outra. Uma pessoa após a outra que a decepcionou, sem as melhores intenções em mente. Homens que tentavam ganhar sua confiança e que só a usavam para o próprio prazer. Seu coração havia endurecido. Ela estava resignada com a vida como a conhecia e sua esperança quase se extinguiu.

Mas não exatamente. Não importava quanto tentasse ignorar a dor, ela ainda ansiava por algo diferente, melhor. Ansiava por se libertar de tudo que a prendia, na esperança de que um dia a vida pudesse ser diferente, que o mundo pudesse ser um lugar mais acolhedor que aquele que conhecera até então.

Provérbios 13,12 nos diz: "A esperança adiada desfalece o coração, mas o desejo atendido é árvore da vida". Quando esperamos por muito tempo algo que desejamos, ficamos cansados. Não podemos nem imaginar que algo vai mudar. Paralisados e sem esperança, nós nos resignamos com a vida como ela se nos apresenta e achamos que nunca será melhor.

A vida nos ensina lições dolorosas, e decidimos que é preferível não esperar nada. Assim, pelo menos, não ficaremos desapontados.

Mas a centelha de esperança que há dentro de nós não se extinguirá. A esperança é uma dádiva que Deus nos dá mesmo nas circunstâncias mais terríveis, um sussurro dentro de nós que diz: "Isso não é tudo que existe".

E o Espírito Santo mantém viva essa centelha de esperança. No Salmo 146,3-6, lemos:

> Não confieis em príncipes, nem em filho de homem,
>   em quem não há salvação.
> Sai-lhe o espírito, volta para a terra; naquele mesmo
>   dia perecem os seus pensamentos.
> Bem-aventurado aquele que tem o Deus de Jacó
>   por seu auxílio, e cuja esperança está posta no
>   Senhor seu Deus.
> O que fez os céus e a terra, o mar e tudo quanto
>   há neles, e o que guarda a verdade para sempre.

Se aquilo em que colocamos nossa esperança for fraco, o resultado não será bom, independentemente de quanta fé tenhamos. Mas, se o objeto de nossa esperança for forte, o resultado será certo, mesmo que nossa fé seja fraca. O salmista nos exorta a colocar nossa esperança naquele que não falhará: Deus, que permanece fiel para sempre.

Quando esperamos nas pessoas, como fez Angel, ficamos decepcionados. Quando colocamos nossa esperança em nós mesmos — nossa competência, nosso talento, reputação ou carisma —, nos decepcionamos. Não somos fortes nem aptos o suficiente para controlar nosso destino e cumprir todas as nossas promessas. Mas quando colocamos nossa esperança em Deus, como o salmista nos incita a fazer, encontramos a certeza.

Romanos 5,4-5 fala sobre "nossa confiante esperança de salvação" e nos diz: "E a paciência, a experiência, e a experiência, a esperança. E a esperança não traz confusão, porquanto o amor de Deus está derramado em nosso coração pelo Espírito Santo que nos foi dado". Nossa esperança em Deus é certa porque ele cumpre todas as suas promessas, é todo-poderoso e nos ama mais do que podemos imaginar.

Quando tiver certeza de que a vida não pode melhorar, de que está irremediavelmente preso a seus arrependimentos, suas circunstâncias difíceis, seu sofrimento, lembre-se de que mesmo que sua fé seja fraca, Deus, o objeto de sua fé e sua esperança, é forte e inabalável.

Qual área de sua vida o deixa mais desesperado? Reserve um momento para falar com Deus sobre isso. Como você pode manter a esperança de não se decepcionar?

DIA 6

❧

Medo do desconhecido

O QUE A PRENDIA ALI? Por que não saía pela porta e ia embora?

Angel cerrou os punhos. Primeiro tinha de receber o ouro que lhe era devido pela Duquesa, mas sabia que ela jamais lhe daria tudo de uma vez.

E se Angel tivesse ouro suficiente para ir embora? Podia acabar da mesma forma que tinha acabado no navio ou no fim da viagem, quando fora espancada e abandonada, à mercê dos saqueadores. Aqueles poucos dias sozinha em San Francisco tinham sido os mais próximos da perdição que Angel tinha vivido. Sentira frio, fome e temera pela própria vida. Chegara a se lembrar com saudade da vida com Duke, logo com Duke, quem diria.

Ficou desesperada. Não posso ir embora. Sem alguém como a Duquesa, ou até mesmo Magowan, eles me fariam em pedaços.

Não queria correr o risco de ir com Michael Hosea. Ele era, disparado, uma incógnita muito maior.

A resignação se baseia no medo, e o medo nos aprisiona. A vida de Angel era, indiscutivelmente, terrível. Ela foi mantida como prisioneira pela Duquesa, forçada a trabalhar como prostituta, mas nunca recebeu o dinheiro que lhe era devido. A ameaça de maus-tratos sempre esteve presente — se não por parte dos hóspedes pagantes, então por Magowan, que estava constantemente à espreita. O sonho de independência de Angel era uma fantasia; a menos que algo mudasse, seu único futuro seria continuar na prostituição enquanto os homens a achassem atraente; e, depois disso, trabalhar como criada no bordel ou viver nas ruas.

Michael Hosea lhe ofereceu casamento e um lar. Angel já havia notado sua bondade e integridade. Ela tinha todos os motivos para se juntar a ele e absolutamente nenhum para ficar, mas não conseguia deixar para trás o que lhe era familiar e aceitar o que lhe era desconhecido. O medo a imobilizou.

O medo é um companheiro constante para alguns de nós. Ele nos espreita enquanto tomamos decisões e invade nossos pensamentos quando refletimos sobre o futuro. Quando nos deitamos, à noite, nossa mente se preocupa com tudo que pode dar errado. Temos medo de cometer erros, de perder a boa opinião que os outros têm de nós ou de sofrer com a doença ou a morte de pessoas que amamos. E, embora às vezes tenhamos medo das coisas que sabemos, nossos maiores medos estão reservados ao desconhecido. Imaginamos uma série de resultados diferentes para as situações que enfrentamos, a maioria deles terríveis. Deixamos nossa mente correr loucamente, e então ficamos paralisados, incapazes de agir ou fazer boas escolhas, porque temos medo do que pode acontecer.

Um número surpreendente de versículos da Bíblia aborda o medo, e muitos deles nos ordenam: "Não temais!" O Salmo 46,1-3,7 diz:

> Deus é o nosso refúgio e fortaleza, socorro bem presente na angústia.
> Portanto não temeremos, ainda que a terra se mude, e ainda que os montes se transportem para o meio dos mares.
> Ainda que as águas rujam e se perturbem, ainda que os montes se abalem pela sua braveza. (Selá.)
> O Senhor dos Exércitos está conosco; o Deus de Jacó é o nosso refúgio. (Selá.)

Essa passagem é notável pelo que *não* diz: que Deus fará tudo dar certo para nós. Essa promessa não existe. O salmo retrata circunstâncias drásticas: a Terra poderia ser sacudida por um terremoto tão grande que as montanhas se quebrariam e cairiam no oceano revolto, mas ainda assim o salmista diz que não temerá. Como isso é possível?

Os versículos 1 e 7 respondem a essa pergunta: porque Deus está conosco.

Não estamos falando de qualquer deus, e sim do Senhor todo-poderoso, o Deus de Jacó. Ele é o criador do universo e aquele que nos redimiu por meio da morte de Cristo na cruz. Ele é nosso refúgio, nossa força e nossa fortaleza. Ele é aquele que prometeu não nos abandonar.

Temos medo do desconhecido, mas o que está escondido de nós é conhecido por Deus. Isaías 46,9-10 diz:

> Lembrai-vos das coisas passadas desde a antiguidade; que eu sou Deus, e não há outro Deus, não há outro semelhante a mim.
> Que anuncio o fim desde o princípio, e desde a antiguidade as coisas que ainda não sucederam; que digo: "O meu conselho será firme, e farei toda a minha vontade".

Nada é mistério para Deus. Ele já sabe o que vai acontecer no futuro e já sabe como vai nos ajudar.

Se você se resignou a ficar onde está porque tem muito medo de seguir em frente, não precisa ceder a esse medo. Reaja, lembrando-se a cada respiração de que Deus está com você e nada é difícil para ele. Acalme seus pensamentos ansiosos, lembrando-se de que ele já sabe o resultado. E apegue-se à verdade de que ele sabe o que é melhor para você.

Quando estamos paralisados, a presença de Deus pode nos encorajar a seguir adiante.

Que medos o impedem de seguir em frente? Como lembrar que Deus conhece o futuro pode ajudar você?

DIA 7

❧

Sem saída

ANGEL SE LEMBROU DE UM *homem alto e moreno, também de paletó preto. Subitamente ficou muito claro que não havia saída, não para ela. Nunca houvera e nunca haveria. Para todo lado que virasse, toda vez que tentasse, acabava presa novamente, em situação pior do que a anterior.*

Angel foi dominada pela desesperança e pela fúria. Lembrou-se de tudo que tinham feito com ela desde o tempo em que era criança, num barraco nas docas, até agora, naquele quarto. Nunca ficaria melhor. Aquilo era tudo que podia esperar da vida. O mundo estava cheio de Dukes e de Duquesas e de Magowans e de homens que faziam fila à sua porta. Haveria sempre alguém para escravizá-la e usá-la, alguém que lucraria com sua carne e seu sangue.

A saída era uma só.

Levada ao extremo, a resignação nos conduz ao desespero. A ponta de esperança que Michael Hosea havia oferecido a Angel estava começando a parecer real. Cansada da própria vida, ela se perguntava se realmente poderia recomeçar. Angel retomou seu sonho de ter uma casinha no campo, um lugar onde pudesse morar sozinha, finalmente em paz. Nutrida por seu sonho e pela crescente inquietação de como as coisas estavam, ela procurou a Duquesa para pedir o ouro a que tinha direito. Mas, quando a conversa se tornou hostil e a Duquesa mandou Magowan atrás dela, o peso da resignação fez Angel sucumbir. Nada mudaria; não adiantava tentar. A única opção que lhe restava era desistir de tudo e deixar Magowan matá-la para que, enfim, seu sofrimento acabasse.

O desespero chega quando nossa última esperança se vai e não vemos saída para as situações que nos afligem. Às vezes, isso acontece quando somos oprimidos pelo arrependimento em virtude de uma má decisão. Às vezes, vem como resultado de um abuso que sofremos, de um mal que nos foi feito ou simplesmente do grande número de coisas menores que pesam sobre nós todos os dias, até que sentimos que não há mais como escapar. Se você já lutou contra a depressão, os pensamentos suicidas ou a ansiedade constante, sabe o que é sentir que o último raio de luz está indo embora, deixando-o sozinho na escuridão. Talvez você já esteja lutando contra isso há muito tempo e não tenha mais forças para resistir. Parece que só o que você pode fazer é ceder.

As Escrituras não se intimidam e falam sobre desespero e várias emoções mais sombrias. Depois de perder a família e os bens, Jó amaldiçoou o dia em que nascera e desejou que ele desaparecesse do calendário para sempre. Davi escreveu salmos em seus momentos mais sombrios, incluindo estas palavras, presentes no Salmo 69:

> Livra-me, ó Deus, pois as águas entraram até à minha alma.
> Atolei-me em profundo lamaçal, onde se não pode estar em pé; entrei na profundeza das águas, onde a corrente me leva.
> Estou cansado de clamar; a minha garganta se secou; os meus olhos desfalecem esperando o meu Deus.
>
> (Versículos 1-3)

E Jesus, na cruz, expressou este comovente desespero: "Deus meu, Deus meu, por que me desamparaste?" (Mateus 27,46).

Quando estamos no ponto mais alto de nosso desespero, nosso maior medo não é de que Deus tenha nos abandonado? Porque se ele nos deixou sozinhos, toda esperança desapareceu. Nada vai mudar.

Mas nosso Deus está presente mesmo nos lugares mais escuros.

O acusador pode nos dizer que estamos sozinhos, abandonados, em uma escuridão desesperadora. Mas isso é mentira. Em nosso total desespero, talvez sintamos que não há saída. Mas isso também é mentira. *Deus está conosco.* E como ele está conosco, nunca estamos inteiramente nas trevas. Quer possamos ver ou não, sempre há uma réstia de luz.

O apóstolo João descreveu Jesus desta forma: "Nele estava a vida, e a vida era a luz dos homens. E a luz resplandece nas trevas, e as trevas não a compreenderam" (João 1,4-5).

A escuridão tenta vencer a luz e se esforça muito. Todos nós já experimentamos isso, tanto em nossa vida quanto na dor e no caos que vemos no mundo. Mas temos a garantia do próprio Deus de que as trevas não terão sucesso. Não importa o que aconteça, a luz de Deus permanecerá, porque ele é a luz e nada pode vencê-lo.

João 8,12 registra estas palavras de Jesus: "Falou-lhes, pois, Jesus outra vez, dizendo: 'Eu sou a luz do mundo; quem me segue não andará em trevas, mas terá a luz da vida'". Quando sentir a escuridão se aproximar, apegue-se a esses versículos e lembre-se da verdade. Não importa quão difíceis as coisas sejam, quão ruins pareçam ou quão desesperado você se sinta, a verdade é que nem tudo está perdido. Deus está presente. E onde ele está, há esperança, e sua luz não se apagará.

Imagine uma vela com uma chama bruxuleante. Não importa o que aconteça — sopro de ar, respingos de água, algo que lhe rouba todo o oxigênio —, a vela continua acesa. Como essa imagem de luz inextinguível lhe dá esperança?

DIA 8

❧

A possibilidade de mudança

— Meu nome não é *Mara. É Angel. Você tem de dizer o nome certo se vai botar o anel em meu dedo.*
— *Você disse que eu podia chamá-la do que quisesse.*
Os homens a chamavam por outros nomes, diferentes de Angel. Alguns bonitos, outros nem tanto. Mas ela não queria que aquele homem a chamasse por qualquer outro nome que não fosse Angel. Foi com ela que ele se casou. Angel. E Angel era o que ia ter.
— *O nome Mara vem da Bíblia* — *ele disse.* — *Está no Livro de Ruth.*
— *E como você é um homem que lê a Bíblia, achou que Angel é bom demais para mim.*
— *Não é questão de ser bom ou ruim. Angel não é seu verdadeiro nome.*
— *Angel é quem eu sou.*
A expressão dele endureceu.
— *Angel era uma prostituta de Pair-a-Dice, que não existe mais.*

— Agora não é diferente do que sempre foi, não importa o nome que resolva me dar.

❦

"As coisas serão diferentes, agora." Alguém já lhe disse isso, ou você já disse isso a si mesmo? Às vezes, conseguimos encontrar um novo caminho, mas, geralmente, a mudança real não acontece. Boas intenções dão lugar a velhos hábitos. Novos padrões desaparecem antes que tenham a chance de se estabelecer. No fim, nada muda de verdade.

Angel tinha certeza de que nada seria diferente para ela também. Ela havia tentado começar uma vida nova — fugindo de Duke, indo para a Califórnia, tentando lutar sozinha, confiando em outra pessoa —, mas, no fim, todos os seus esforços deram em nada. Ela ainda acabou presa a uma vida que odiava. Depois, Michael a tirou daquela vida, mas ela continuava certa de que era tarde demais. Talvez ela não vivesse mais no Pair-a-Dice, mas não podia escapar dos velhos padrões que havia estabelecido. Ela não confiava em ninguém e achava que todos ao seu redor queriam qualquer coisa que conseguissem obter. Como ela poderia encontrar uma nova maneira de viver?

Sozinhos, é quase impossível fazer mudanças duradouras que afetem o âmago de quem somos. Podemos conseguir ajustar nossos hábitos se tivermos força de vontade e motivação suficientes. Podemos passar a comer alimentos saudáveis ou fazer exercícios regularmente. Podemos acordar mais cedo, escrever no diário com mais frequência e ticar mais itens de nossas listas de coisas a fazer. Mas, no fundo, ainda somos as mesmas pessoas — apenas versões mais organizadas, mais em forma ou mais saudáveis. Só Deus pode nos mudar no nível mais profundo.

O apóstolo Paulo conhecia essa verdade por experiência própria. Sua vida foi nitidamente dividida em duas fases: antes e depois de ter encontrado Cristo.

Antes daquele dia na estrada para Damasco (Atos 9), a principal força de Paulo era seu zelo pela lei de Deus. Orgulhoso de sua educação e experiência como fariseu, ele assistia com aprovação enquanto Estêvão, um dos seguidores de Jesus, era morto por blasfêmia. Saulo — como Paulo era conhecido na época — "assolava a igreja, entrando pelas casas; e, arrastando homens e mulheres, os encerrava na prisão" (8,3).

Mas um momento com Jesus mudou a trajetória da vida de Saulo. Ele logo adquiriu uma nova compreensão de quem era Deus, um novo nome e um novo propósito. Sua vida passou a ser totalmente centrada em Jesus. Durante anos de viagens e dificuldades, seu único objetivo permaneceu: espalhar o evangelho com os gentios.

Paulo viveu a mudança de dentro para fora. Deus o transformou, e ele deixou de ser movido pelo orgulho e pela raiva para ser movido pelo amor; mudou da intenção de destruir os outros para focar na pregação do evangelho, eterna fonte de vida. Seu zelo permaneceu, mas Deus o transformou para sua glória. Todos nós temos padrões de pensamento e comportamento aos quais pensamos estar presos, porque estão profundamente enraizados dentro de nós. Mas Deus tem o poder de nos tornar criaturas novas nele.

Paulo escreveu à igreja em Corinto sobre pessoas que deliberadamente pecam de maneiras diferentes, mas acrescentou: "E é o que alguns têm sido; mas haveis sido lavados, mas haveis sido santificados, mas haveis sido justificados em nome do Senhor Jesus, e pelo Espírito do nosso Deus" (1 Coríntios 6,11). Os coríntios haviam mudado drasticamente, passando de ladrões, caluniadores e bêbados para seguidores redimidos de Cristo. Nós também fomos transformados — em nome de Jesus e pelo Espírito de Deus —, e continuaremos a sê-lo até o dia em que Jesus voltar e o vermos no céu. Nossa transformação faz parte do "agora e ainda não". Quando confiamos em Cristo, somos justificados pela fé e acertados diante dele, mas ainda estamos no processo de sermos totalmente santificados. A mudança está acontecendo agora *e* depois.

Se atualmente você se sente paralisado, preso a uma rotina da qual nunca conseguirá escapar, imagine Paulo. Lembre-se de que ele era um ex-assassino e perseguidor que jogou homens e mulheres na prisão apenas por crerem em Jesus. E lembre-se de que ele se tornou o missionário mais dedicado que o mundo já viu, que foi espancado, preso, e acabou executado por espalhar o evangelho. Se Deus pode mudar alguém como Paulo, pode mudar pessoas como nós. Não precisamos nos resignar com a vida, pois nosso Deus todo-poderoso está trabalhando em nós para nos mostrar a vida como ela pode ser.

Que padrões em sua vida você acha que nunca vão mudar? Como pensar em Paulo o ajuda a entender melhor o poder de transformação de Deus?

DIA 9

❦

Aprendendo a se entregar

— Não pode esperar que *saia perfeito de primeira. Isso exige prática.*
Como fazer um ensopado, ele queria dizer. Como viver uma vida diferente.
Chegou mais perto e preparou a fogueira como ele havia feito. Fez tudo certo, depois bateu o aço na pederneira. Conseguiu produzir uma faísca, mas não pegou fogo. Tentou de novo, mais resoluta, e fracassou. A mão queimada doía demais, mas segurava as peças com tanta determinação que começou a suar na palma das mãos. A cada fracasso, o peito doía mais, até que a dor ficou tão insuportável, tão profunda e incapacitante, que caiu sentada para trás, sobre as pernas dobradas.
— Não consigo.
Para quê?
O coração de Michael sentia por ela.
— Você se esforça demais. Espera fazer tudo certo. Isso é impossível.

O que acontece quando não somos bons o suficiente?

Diante de um novo estilo de vida na fazenda, Angel precisou desenvolver novas habilidades. Mas aprender coisas novas estava sendo mais difícil e demorado do que ela esperava. Quando não entendia as coisas imediatamente — aquecer o ensopado, acender uma fogueira —, ela desistia. Abatida, interpretava seu fracasso como mais uma prova de que era incapaz de mudar. Ela nunca se adaptaria à vida na fazenda. Nunca seria uma esposa adequada. Nunca seria boa o bastante.

Muitos de nós ficamos paralisados querendo ser bons o bastante. Fazemos nosso melhor para obter aprovação. Achamos que, se pudermos viver perfeitamente, os outros gostarão de nós, ninguém ficará chateado conosco e finalmente nos sentiremos melhor com nós mesmos. Até Deus poderá gostar mais de nós se pararmos de fazer as coisas de um modo errado. Mas, não importa o quanto nos esforcemos, não podemos fazer tudo certo. E então, diante de nosso fracasso, nos perguntamos para que tanto esforço. Resignados, sentimo-nos inúteis e achamos que devemos desistir.

A boa-nova do evangelho é que Deus já sabe que não podemos fazer tudo certo. Nossos erros e falhas nunca o surpreendem. Ele nos libera do fardo de tentarmos ser perfeitos, porque ele é perfeito.

Paulo escreveu o seguinte aos efésios:

> Mas Deus, que é riquíssimo em misericórdia, pelo seu muito amor com que nos amou,
> Estando nós ainda mortos em nossas ofensas, nos vivificou juntamente com Cristo (pela graça sois salvos),
> E nos ressuscitou juntamente com ele e nos fez assentar nos lugares celestiais, em Cristo Jesus;
> Para mostrar nos séculos vindouros as abundantes riquezas da sua graça pela sua benignidade para conosco em Cristo Jesus.
> Porque pela graça sois salvos, por meio da fé; e isto não vem de vós, é dom de Deus.
> Não vem das obras, para que ninguém se glorie.
> (Efésios, 2,4-9)

Essa bela visão do evangelho nos chama a não nos resignarmos, e sim a nos *entregarmos*.

Quando nos resignamos, aceitamos algo que é desagradável, acreditando que estamos presos e que a vida nunca vai melhorar. E, assim, perdemos a esperança.

De outro modo, entregar-se significa abrir mão de nós mesmos — de nosso orgulho e de nossas tentativas de sermos bons sozinhos — e agarrar-nos a Deus. Quando nos entregamos, deixamos de confiar em nossa própria justiça e confiamos na justiça de Deus. Em vez de nos *resignarmos* a algo doloroso ou negativo, nós nos *entregamos* a Deus, que é o melhor que podemos fazer, porque ele nos conduzirá ao que é melhor para nós.

Para nos entregarmos ao evangelho, precisamos reconhecer que somos incapazes de ser totalmente justos sozinhos e obter a salvação. Aceitar *essa* verdade não é a porta para o desespero. É a porta de entrada para a esperança. É aceitar que precisamos de Deus e acreditar que ele já proveu essa necessidade. Deus nos amou mesmo "estando mortos em ofensas e pecados". Ele abriu um caminho para nós quando falhávamos, éramos imperfeitos e cheios de fealdade e pecado. Ele presenciou tudo, e mesmo assim nos chama para si.

Em Mateus 11, Jesus ofereceu um belo convite:

> Vinde a mim, todos os que estais cansados e oprimidos, e eu vos aliviarei.
> Tomai sobre vós o meu jugo, e aprendei de mim, que sou manso e humilde de coração; e encontrareis descanso para as vossas almas.
> Porque o meu jugo é suave e o meu fardo é leve.
> (Versículos 28-30)

O jugo de Jesus é suave porque ele não espera que sejamos perfeitos. Ele não nos ordena que sigamos sua lei sem um único passo em falso, para fazer todos felizes ou para ganhar todos os elogios. Mas ele nos chama para segui-lo, para confiar nele e em sua graça, para nossa salvação. Ele nos chama para abandonar nosso desejo de perfeição em nós mesmos e celebrar sua justiça perfeita, que é o suficiente para nós.

Se você se sente cansado, sobrecarregado, e luta para abandonar seus próprios esforços, entregue-se a Deus e peça-lhe que o ajude a se lembrar de como você precisa dele. O jugo da perfeição é pesado e nunca conseguiremos carregá-lo. Mas o jugo da entrega é leve.

> *Na sua opinião, qual é a diferença entre se entregar a Deus e se resignar? Na sua vida, do que você precisa para se entregar totalmente a Deus?*

DIA 10

❧

A vida que Deus oferece

Lá atrás ainda estava tudo escuro, mas na frente havia luz. Uma luz amarelo-clara que ficava mais brilhante, rajada de dourado, vermelho e cor de laranja. Angel já havia visto o nascer do sol antes, dentro de quatro paredes, atrás de um vidro, mas nunca daquele jeito, com a brisa fresca no rosto e a natureza selvagem em todas as direções. Nunca havia visto nada tão lindo.

Angel sentiu as mãos fortes de Hosea em seus ombros.

— Mara, esta é a vida que quero lhe dar. Quero encher sua vida de cor e de calor, quero enchê-la de luz.

Ela deu um sorriso triste e sentiu uma dor lá no fundo da alma. Talvez aquele homem fosse mesmo o que parecia. Talvez fosse sincero em tudo o que dizia, mas ela sabia de uma coisa que ele não sabia. Jamais seria do jeito que ele queria. Simplesmente não poderia ser assim. Ele era um sonhador. Queria o impossível. O amanhecer viria para ele também, e ele acordaria.

E Angel não queria estar por perto quando isso acontecesse.

Que tipo de vida achamos que Deus quer nos dar?

Nas primeiras horas da manhã, Michael levou Angel para fazer uma longa caminhada até o topo de uma colina, onde esperaram. Ela se perguntou por que, até o amanhecer e um glorioso nascer do sol se espalhar pelo céu. Aquilo era muito mais bonito do que qualquer coisa que ela já havia visto e mais magnífico do que poderia ter imaginado.

"Esta é a vida que quero lhe dar."

Quantas vezes pensamos na vida que Deus oferece como uma vida de beleza? Em nosso entendimento distorcido, é mais provável que pensemos que ele oferece uma vida de deveres ou de culpa. Talvez pensemos que seguir Deus será um trabalho árduo e acabará com a nossa diversão ou que perderemos tudo que amamos. Saímos arrastando os pés ao segui-lo porque estamos focados naquilo de que abrimos mão. Mas com que frequência pensamos sobre o que ele realmente nos oferece?

As palavras de Jesus em João 10,10 dão uma ideia do que Deus nos promete: "O ladrão não vem senão a roubar, a matar, e a destruir; eu vim para que tenham vida, e a tenham com abundância". *Vida abundante*. Deus não economiza na graça. Ele não nos dá o mínimo de que precisamos. Ele nos dá infinitamente mais do que é suficiente, mais do que podemos imaginar.

Em 1 Coríntios 2,9, lemos:

> Mas, como está escrito: As coisas que o olho não viu, e o ouvido não ouviu, e não subiram ao coração do homem, são as que Deus preparou para os que o amam.

É difícil acreditar que Deus tem planos tão maravilhosos para nós. Criados neste mundo, cercados por dor e fracasso — em nossa própria vida e na vida das pessoas ao nosso redor —, estamos sempre esperando que aconteça o próximo desastre. Como Angel, podemos sorrir com tristeza diante do otimismo de outras pessoas quando falam sobre as boas dádivas de Deus e o que ele planejou, mas não temos tanta certeza disso. Talvez pensemos: *Tudo de bom que já desfrutamos teve um fim, então por que deveríamos esperar algo diferente no futuro?*

Porque as promessas de Deus são certeza.

Neste mundo decaído, teremos tristeza e dor, mas também experimentaremos graça, perdão, amor e alegria. Temos a promessa de que Deus nunca nos abandonará, não importa o que aconteça. E de que um dia, quando todas as coisas forem corrigidas, experimentaremos o que Deus nos preparou, — que será muito mais glorioso do que qualquer coisa que possamos imaginar.

Apocalipse 21,3-4 nos dá um vislumbre desse futuro, e até esse vislumbre é incrível:

> E ouvi uma grande voz do céu, que dizia: "Eis aqui o tabernáculo de Deus com os homens, pois com eles habitará, e eles serão o seu povo, e o mesmo Deus estará com eles, e será o seu Deus".

> E Deus limpará de seus olhos toda a lágrima; e não haverá mais morte, nem pranto, nem clamor, nem dor; porque já as primeiras coisas são passadas.

Nosso futuro envolve vida na presença de Deus, uma vida sem tristeza ou morte, mas repleta de alegria. Veremos Deus e o conheceremos. Faremos parte de seu reino eterno. Conheceremos a vida como ela deve ser.

Quando estiver lutando contra a dúvida ou o desespero, procure alguém que possa apontar essa verdade e fazê-lo recordar que o que você vê agora não é tudo que existe. Peça a Deus para lhe dar um vislumbre da vida de fé e alegria que ele deseja que você desfrute.

Não precisamos ficar nos preparando para as coisas ruins que virão. Podemos descansar na verdade de que Deus está movendo todas as coisas em direção a esse futuro glorioso. Podemos estar na escuridão agora, mas o nascer do sol está próximo. E será lindo.

Em seu círculo de amigos e familiares, quem lhe dá um vislumbre do que Deus está fazendo em sua vida e como será nossa experiência um dia, quando estivermos com ele? Como você pode encorajar alguém com esse lembrete?

DIA 11

❧

Desfeito pelo amor

No caminho de volta, ela imaginara Michael tripudiando, zombando e esfregando a cara dela em seu próprio orgulho ferido. Em vez disso, ele se ajoelhou diante dela e lavou-lhe os pés, sujos e cheios de bolhas. Com um nó na garganta, ela olhou para a cabeça dele abaixada e lutou contra os sentimentos que surgiam dentro de si. Esperou que fossem embora, mas não foram. Ficaram, cresceram e lhe provocaram mais dor ainda.

Suas mãos eram muito carinhosas. Ele era muito cuidadoso. Depois de limpar seus pés, massageou suas panturrilhas, que estavam doloridas. Jogou fora a água suja, encheu a bacia de novo e a colocou no colo dela. Pegou as mãos de Angel e as lavou também. Beijou-lhe as palmas manchadas e arranhadas e passou sálvia nelas. Depois as enrolou com gaze.

E eu bati nele. Tirei-lhe sangue...

Angel se encolheu, envergonhada.

— Por que faz isso por mim? Por quê?

Um genuíno ato de amor pode mudar tudo.

Com medo de seus sentimentos crescentes por Michael, Angel decidiu ir embora enquanto podia. Voltou ao Pair-a-Dice para pegar o ouro que era seu, mas acabou perdida e com frio. Quando por fim voltou para casa, gelada, suja e exausta, a resposta de Michael a chocou. Em vez de reagir com raiva e violência, ele respondeu com o amor e a compaixão que ela sabia que não merecia. Ele a alimentou, a aqueceu e a limpou. Seus doces cuidados a tocaram profundamente.

O amor abnegado — o amor divino — é poderoso. Dá sem esperar nem exigir nada em troca. Isso é contrário à nossa natureza humana. Deixados por nossa própria conta, muitos de nós estaremos propensos a viver fazendo um esquema de detalhadas planilhas. Costumamos acompanhar os prós e os contras de perto, como se nossa vida fosse parte de um sistema complicado de contabilidade pessoal. *Eu lhe fiz um favor, agora ele me deve.* De pequenas preocupações, como quem lavou a louça ou deu carona, até grandes questões, como quem traiu por último e qual será a forma de retribuir, a lista de registros é exaustiva. Seja catalogando nossas falhas ou as dos outros, tornamo-nos escravos delas, incapazes de deixar qualquer ação passar sem calcular seus efeitos no balanço geral. Queremos receber o que nos devem e não queremos ficar em dívida com ninguém, porque isso dá aos outros poder sobre nós.

O amor é isento de tudo isso. E os registros que Deus mantém são diferentes. Romanos 6,23 nos diz que "o salário do pecado é a morte, mas o dom gratuito de Deus é a vida eterna, por Cristo Jesus nosso Senhor". De uma maneira extremamente atenciosa, Deus não nos dá o que merecemos. Ele não nos castiga pelas consequências que deveríamos receber por causa de nosso pecado, mas nos dá um presente extraordinário. Não a morte, mas a vida eterna. Não a condenação, mas a graça. Não a separação dele, mas sua presença amorosa.

Como respondemos a esse tipo de graça?

Se estivermos presos a uma mentalidade legalista, essa graça pode nos parecer assustadora. Podemos controlar nossa planilha mental e acompanhar nossas dívidas, mas a graça é algo totalmente diferente. Assim como Angel, se estivermos resignados com a ideia de que não podemos mudar, ficaremos apavorados em pensar que talvez devamos a Deus algo que nunca vamos conseguir pagar. Que tipo de poder isso pode dar a Deus sobre nós? Como ele pode usar isso contra nós?

O apóstolo Pedro recusou uma de suas primeiras oportunidades de graça. Em João 13, no início da Última Ceia, lemos que Jesus começou a lavar os pés de todos os discípulos — uma tarefa geralmente reservada aos servos. A Bíblia não registra como os outros discípulos responderam, mas a reação de Pedro foi firme. Lemos:

> Aproximou-se, pois, de Simão Pedro, que lhe disse: "Senhor, tu lavas-me os pés a mim?"

> Respondeu Jesus, e disse-lhe: "O que eu faço não o sabes tu agora, mas tu o saberás depois".
> Disse-lhe Pedro: "Nunca me lavarás os pés". Respondeu-lhe Jesus: "Se eu te não lavar, não tens parte comigo".
>
> (Versículos 6-8)

Imagine seu pastor ou chefe lavando seus pés ou fazendo outra tarefa servil para você. Ser servido por alguém a quem não podemos retribuir é desconfortável, e muitos de nós preferiríamos evitar isso. Mas Jesus não deixou que Pedro o fizesse.

Jesus respondeu: "Se eu te não lavar, não tens parte comigo".

Simão Pedro exclamou: "Senhor, não só os meus pés, mas também as mãos e a cabeça!" (versículo 9).

Por que era importante para Pedro deixar Jesus lavar seus pés? Porque aceitar a graça é uma parte fundamental do evangelho. Não podemos ganhar nossa salvação; devemos admitir nosso desamparo e deixar Deus nos salvar, sabendo que estaremos para sempre em dívida com ele.

Mas Deus não é um credor assustador. Assim como Michael deu a Angel sem esperar nada em troca, Deus nos dá gratuitamente. Ele sabe que não podemos pagar e não usará nossa dívida contra nós. Romanos 11,35-36 diz: "Ou quem lhe deu primeiro a ele, para que lhe seja recompensado? Porque dele e por ele, e para ele, são todas as coisas; glória, pois, a ele eternamente. Amém".

DIA 11: DESFEITO PELO AMOR

Se você vive preso ao controle do que deve e de quem lhe deve, encontrará liberdade em abrir mão disso e aceitar a graça.

> *A ideia de graça é assustadora para você? Como deixar de lidar com favores pode ajudá-lo a responder com amor, em vez de resignação?*

DIA 12

❦

Palavras de condenação

Ele agarrou-lhe o braço com força e ela olhou para ele outra vez, com o rosto pálido. Paul encarou com fúria aqueles cínicos olhos azuis.

— Você me deve por essa viagem.

Ele a soltou com brutalidade.

Angel sentiu tudo girar dentro dela. Para baixo, como a água descendo pelo ralo. Tinha esquecido que tudo tinha um preço. Soltou o ar e inclinou um pouco a cabeça.

— Ora, então podemos resolver isso logo.

Furioso, Paul agarrou o braço dela e a empurrou até uns três metros fora da estrada, à sombra de uns arbustos. Foi bruto e rápido, só desejava magoá-la e degradá-la. Ela não emitiu nenhum som. Nenhum.

— Não demorou muito para voltar aos velhos hábitos, não é?

E olhou para ela com fúria e desprezo.

Se não for provocado por Deus, o arrependimento leva à condenação.

Quando Paul voltou à fazenda, sua presença perturbou o equilíbrio que Angel havia encontrado com Michael. Quando ela estava começando a se ver como Michael a via, Paul apareceu, e a reação dele a trouxe de volta à realidade.

Angel entendia Paul. Dele, ela recebera exatamente o tratamento que esperava: condenação, raiva e desprezo. Todos os seus pecados e defeitos foram expostos diante dos olhos dele, e ele lhe disse exatamente o que pensava dela. Doeu, mas não a surpreendeu. Angel a tratou exatamente como ela achava que merecia. Mais uma vez, ela se lembrou de que a vida nunca mudaria. Angel acreditava que ninguém jamais poderia vê-la de outra maneira, sempre a veriam como uma prostituta, porque ela era isso por dentro. Enredada nessa desesperança, Angel não conseguia imaginar que negar o pedido de pagamento de Paul fosse mesmo uma opção. Tudo tinha um preço, então ela pagou sua dívida.

A resignação pode nos fazer mergulhar em pesar e nos arrastar para o caminho da condenação. Você já esteve nessa situação? As palavras que dizemos a nós mesmos podem ser assustadoramente diretas. *Você é horrível. Você nunca fará nada direito. Ninguém gosta de você. Você não vale nada.* Mas essas palavras feias não refletem a verdade de Deus.

Quando estamos presos na autocondenação, nosso melhor antídoto é a verdade das Escrituras. Romanos 8 começa com esta promessa:

"Portanto, agora nenhuma condenação há para os que estão em Cristo Jesus, que não andam segundo a carne, mas segundo o Espírito. Porque a lei do Espírito de vida, em Cristo Jesus, me livrou da lei do pecado e da morte"

(versículos 1-2).

Quando confiamos em Cristo, somos libertos da lei do pecado e da morte pelo Espírito que dá vida. Não somos mais julgados segundo o que fizemos, e sim segundo em quem confiamos. Louvado seja Deus!

Não há condenação daquele que está qualificado para condenar. Nenhuma.

As pessoas podem nos criticar e tentar nos condenar, mas elas não têm esse direito. Aqueles que mais condenam talvez sejam os mesmos que tentam desesperadamente encobrir os próprios pecados. Paul forçou o retorno de Angel à prostituição, mas ele se absolveu e a culpou. Desconfortável diante de suas atitudes, ele fechou os olhos para os próprios pecados — a maneira como ele a tratou, a forma como ele traiu Michael — e decidiu que tudo era culpa dela.

Deus não age assim. Em uma passagem conhecida do evangelho de João, uma mulher flagrada em adultério foi apresentada a Jesus e acusada. Jesus disse aos fariseus: "Aquele que dentre vós não está sem pecado, seja o primeiro que atire a pedra nela" (8,7). Depois que todos foram embora, um por um, Jesus perguntou: "Mulher, onde estão aqueles teus acusadores? Ninguém te condenou?" E ela disse: "Ninguém,

Senhor". E disse-lhe Jesus: "Nem eu também te condeno. Vai-te. E não peques mais" (versículos 10-11).

A Bíblia deixa claro que todos os humanos haviam pecado, de modo que nenhum dos acusadores era digno de atirar uma pedra na mulher. Mas eis aqui o ponto principal: Jesus poderia tê-la condenado. Ele era livre de pecado; então, segundo seus próprios critérios, ele poderia tê-la apedrejado. Mesmo assim, escolheu não fazer isso. Sua resposta não foi a condenação, e sim a graça e o incentivo ao arrependimento. Quando ouvimos palavras de condenação — seja de outras pessoas ou de nós mesmos —, quiçá nos lembremos dessas duas verdades: que ninguém tem o direito de nos condenar, e que o próprio Deus nunca condenará aqueles que estão em Cristo Jesus. Se formos a ele em arrependimento para obter perdão, estaremos limpos diante dele. A morte de Cristo significa que sua justiça agora é nossa. Como 2 Coríntios 5,21 nos diz: "Àquele que não conheceu pecado, o fez pecado por nós; para que nele fôssemos feitos justiça de Deus".

Você não precisa se resignar com a vida que vive agora. Quando ouvir palavras de condenação, ignore. Neutralize essas mentiras com verdades de Deus. Se estiver enfrentando o arrependimento de um pecado, confesse-o a Deus e peça seu perdão. Peça a ele para ajudá-lo a viver sabendo que ele o libertou.

Como sua vida mudaria se você pudesse viver sem temer a condenação de Deus e dos outros?

RESGATE

Quando os japoneses bombardearam Manila, no mesmo dia em que atingiram Pearl Harbor, meu sogro, William Rivers, trabalhava na Pan American em Manila. Ele passou a Segunda Guerra Mundial no campo de prisioneiros japonês de Los Baños. Vários homens, incluindo meu pai, escaparam do campo e deram informações aos guerrilheiros filipinos, que as passaram aos militares dos EUA. A Força Aérea, o Exército e a Marinha conseguiram trabalhar juntos e realizar uma das mais espetaculares operações de resgate militar já executadas. Os paraquedistas chegaram ao campo no início da manhã, quando os soldados japoneses já haviam empilhado suas armas para os exercícios diários. Em minutos, 2.100 prisioneiros à beira da fome estavam livres.

E eles correram portões afora para celebrar? Não. Ficaram atordoados. Circularam pelo campo, animados, mas confusos. Conversaram com os soldados. *Como é bom ver um americano! Como vai a guerra?* Algumas pessoas voltaram ao quartel para recolher os poucos bens inúteis que haviam deixado. Ninguém foi para o portão, para a liberdade.

O campo de prisioneiros ficava atrás das linhas inimigas e dentro do território da Divisão Tigre Japonesa. Se os soldados americanos não tirassem os resgatados dali, logo estariam mortos. O tempo passava rápido, e os prisioneiros ainda rondavam pelo campo. Chegaram as ordens: atear fogo ao quartel! Só quando o campo estava em chamas, os prisioneiros libertados embarcaram nos veículos de transporte que os aguardavam.

Infelizmente, muitas pessoas que são salvas e recebem a liberdade fazem a mesma coisa:

- Uma menina resgatada, vítima de tráfico sexual, volta para seu cafetão.
- Um homem passa a vida inteira em um emprego que odeia.
- Uma esposa espancada se recusa a deixar o marido abusivo.
- Um alcoólatra em reabilitação para em uma loja só para comprar seu último pack de cerveja.
- Um adolescente cede à pressão dos colegas e acende um cigarro ou inala vapores.
- Um marido, esposa ou amigo traídos permanecem na amargura.

Muitas vezes nos sentimos mais à vontade em cativeiro que em liberdade, mesmo quando o cativeiro é mortal. Nós nos apegamos ao que conhecemos porque é familiar, mesmo que não seja agradável.

Todos nós somos mantidos em cativeiro, mas a maioria de nós nunca define a prisão em que vivemos. Pense em Neo no filme *Matrix*, que descobriu que o que ele julgava ser liberdade era, na verdade, uma invenção de sua imaginação. Enquanto outros preferiam a tranquilidade e o esquecimento, ele estava pronto para sacrificar sua vida confortável pela verdadeira liberdade. Nossa alma clama por liberdade. Ser resgatado é o primeiro passo, pois a liberdade abre a porta de qualquer prisão em que estejamos. Mas a maioria de nós precisa que alguém nos chame, que pegue nossa mão e nos encoraje a segui-lo — alguém de fora que entenda o que nos prende ao medo.

Fomos resgatados, mas é preciso coragem para assumir uma vida que mudará de dentro para fora e nos trará para o mundo real, cheio de promessas.

Você foi resgatado. Dê um passo de fé e veja as boas-novas que o esperam.

DIA 13

❦

Dando as costas ao resgate

— *Sou o segundo! Quanto é?*

Murphy deu um preço alto

Angel bebeu todo o uísque. Murphy puxou a cadeira e ela ficou de pé, tremendo. Nada vai mudar... Nunca. Seu coração foi batendo mais devagar enquanto subia a escada. Quando chegou ao topo, nem o sentia mais. Não sentia mais nada.

Eu devia ter ficado com Michael. Por que não fiquei com ele?

Jamais teria dado certo, Angel. Nem em um milhão de anos.

Mas funcionou por um tempo.

Até o mundo alcançá-los. O mundo é cruel, Angel, não perdoa. Você sabe disso. Foi um sonho no deserto. A única diferença é que você foi embora antes de Michael se cansar de usá-la. Agora está de volta ao seu lugar, fazendo o que nasceu para fazer.

Nada tinha importância. Era tarde demais para pensar em hipóteses. Era tarde demais para pensar em motivos. Era tarde demais para pensar em qualquer coisa.

⚜

Já aconteceu com todos nós. Estamos presos em uma situação ou em um hábito ruim e ansiamos por escapar. Por fim, vemos um caminho para a liberdade, mas não o aceitamos. Continuamos lutando, cativos, assombrados por oportunidades perdidas, olhando para trás, para a saída pela qual passamos e nos perguntando: *Por que não saí?*

Angel foi resgatada do Palácio e conheceu um estilo de vida totalmente novo. Michael era cheio de bondade e compaixão, nunca a machucava nem a usava. O amor estava ali para Angel, mas ela deu as costas a uma vida com ele, determinada a pegar seu ouro e partir sozinha. Então, ela descobriu que o Palácio havia pegado fogo, a Duquesa morrera, e sua esperança de independência sucumbiu. Quando Murphy sugeriu que ela voltasse para a prostituição sob seu teto, ela não viu outra opção. Entorpecida e desesperançosa, concordou. Mas seu coração clamava: *Por que não fiquei com Michael?*

Em Romanos 7, o apóstolo Paulo escreveu, com notável honestidade, sobre a lacuna entre o que queremos fazer e o que realmente fazemos:

> Acho então esta lei em mim, que, quando quero fazer o bem, o mal está comigo.
> Porque, segundo o homem interior, tenho prazer na lei de Deus;

> Mas vejo nos meus membros outra lei, que batalha
> contra a lei do meu entendimento, e me prende de-
> baixo da lei do pecado que está nos meus membros.
> Miserável homem que eu sou! Quem me livrará do
> corpo desta morte?
>
> (Versículos 21-24)

Se Paulo, o missionário escolhido por Deus para os gentios e escritor de uma parte significativa do Novo Testamento, lutou contra o pecado, é seguro dizer que este é um problema comum a todos os seres humanos que já caminharam sobre a Terra. Sabemos o que devemos fazer, mas muitas vezes não o fazemos. Seguimos nossos próprios desejos, em vez de os desejos de Deus. Vivemos pelo medo, em vez de pela confiança. Afastamo-nos daquele que está pronto para nos salvar e tropeçamos sozinhos. Como Paulo disse tão apropriadamente, há uma batalha dentro de nós. Neste mundo, somos escravos de nossa natureza humana decaída, incapazes de nos livrarmos de suas garras.

Então, o que fazer? Estamos presos para sempre? Felizmente, as palavras de Paulo não param por aí:

> Miserável homem que eu sou! Quem me livrará do
> corpo desta morte?
> Dou graças a Deus por Jesus Cristo nosso Senhor.
> Assim que eu mesmo com o entendimento sirvo
> à lei de Deus, mas, com a carne, à lei do pecado.
>
> (Versículos 24-25)

Jesus é a *única* solução para o problema do pecado. Não podemos removê-lo de nós, nos purificar e nos tornar perfeitos. Precisamos da ajuda de Deus para nos resgatar e nos transformar. E ele nos ajuda! Mas, às vezes, a liberdade vem devagar, porque não estamos suficientemente prontos.

A verdade é que somos transformados por nossos encontros com Deus. Mesmo quando sucumbimos e voltamos para o cativeiro, não somos as mesmas pessoas que éramos antes.

Poucas semanas com Michael já fez Angel perder um pouco de sua dureza, de seu verniz protetor. Mesmo que ela o tenha deixado, mesmo que tenha voltado para seus antigos hábitos, ela mudou por ter experimentado a bondade e o genuíno amor que emanavam dele. Ela não podia mais se prostituir sem que isso tivesse um custo, pois estava arrependida pelo que havia deixado para trás. Embora naquele momento a mudança fosse difícil e dolorosa — entorpecer-se tornava tudo mais fácil —, significava que Deus estava preparando o caminho para mais mudanças. Significava que, da próxima vez que Angel enfrentasse um dilema semelhante, poderia fazer uma escolha diferente.

Todos nós enfrentamos arrependimento por escolhas que fizemos — permanecer no cativeiro, afastar-nos de Deus, esquecer que fomos resgatados. Quando você se encontrar preso, dizendo a si mesmo *eu deveria...* depois de ter evitado ser resgatado, anime-se. Lembre-se de que Jesus é quem vai libertá-lo. Ele é capaz de usar até mesmo suas falhas para trabalhar em você.

Filipenses 1,6 nos dá esta promessa: "Tendo por certo isto mesmo, que aquele que em vós começou a boa obra a aperfeiçoará até ao dia de Jesus Cristo". Ele não desistirá de nós quando lhe dermos as costas e voltarmos a pecar. Ele continua a trabalhar em nós, mudando pouco a pouco nosso coração, até que finalmente estejamos prontos para sermos libertos.

> *Pense em uma ocasião em que você não aproveitou a oportunidade de ser resgatado de uma situação ruim ou de um hábito pecaminoso. O que fez você deixar de ser resgatado? Fale com Deus, agradeça-lhe por trabalhar em sua vida e peça-lhe coragem para seguir em frente e aceitar seu resgate.*

DIA 14

❦

Um Deus que luta por nós

A PORTA SE ABRIU COM *um estrondo e alguém arrancou o jovem da cama com violência. Angel engoliu em seco quando reconheceu o rosto do homem ali a seu lado.*

Ela se levantou.

— Oh, Michael...

Outros dois homens entraram na briga e Michael desviou Angel do caminho antes de ser atingido. Os três despencaram sobre uma mesa de faraó. Fichas, cartas e homens se espalharam. Mais dois entraram na luta.

— Parem com isso! — gritou Angel.

Certamente matariam Michael. Histérica, procurou alguma coisa para usar como arma para ajudar, mas ele não ficava caído por muito tempo. Chutou um dos homens para longe e se levantou. Angel observou, espantada e boquiaberta, Michael brigar. Ele não recuava, socava com força e rapidez os outros homens que avançavam para cima dele. Rodopiou e deu um chute direto na cara de um homem. Nunca vira ninguém lutar daquele jeito. Parecia que fazia isso a vida toda, em vez de arar a terra e plantar milho. Ele batia bem e com força. Os homens por ele golpeados não se levantavam mais. Depois de alguns minutos, não estavam mais tão dispostos a atacá-lo.

Michael continuou preparado para a briga, com os olhos em fogo.

— Venham — rosnou, desafiando os outros. — Quem mais quer ficar entre mim e minha esposa? Venham!

Ninguém se mexeu.

⁓⁂⁓

Já precisou que alguém defendesse você?

O alívio de Angel quando Michael entrou logo se transformou em medo quando ela viu contra quem ele estava lutando. Murphy, Max e muitos outros estavam prontos para brigar para impedir que Angel partisse com Michael. Como um fazendeiro gentil poderia ser páreo para aqueles garçons e mineiros rudes? Angel se surpreendeu quando viu Michael aguentando firme, lutando com tamanha fúria e zelo. Michael era um homem pacífico, mas sua justificada raiva lhe deu forças para enfrentar qualquer um que tentasse impedi-lo de resgatar a esposa.

Quando descrevemos Deus, geralmente usamos adjetivos como *gentil*, *bom* e *amoroso*, ou talvez *santo* e *poderoso*. São todos precisos, mas não apresentam o cenário completo. As Escrituras também retratam Deus como um guerreiro.

Na época do Êxodo, depois que Deus mostrou seu poder por meio das dez pragas, o faraó finalmente deu permissão aos israelitas para deixarem o Egito. Mas, logo após começarem sua jornada rumo ao deserto, ele mudou de ideia. Por que deveria libertar todo o seu trabalho escravo? Então reuniu seu exército e saiu atrás dos israelitas, encurralando-os perto do mar Vermelho. Não havia nenhum lugar aonde eles pudessem ir. O povo entrou em pânico, perguntando a Moisés por que ele os havia levado ao deserto para morrer. Ao que Moisés respondeu:

> Não temais; estai quietos, e vede o livramento do Senhor, que hoje vos fará; porque aos egípcios, que hoje vistes, nunca mais os tornareis a ver.
> O Senhor pelejará por vós, e vós vos calareis.
> (Êxodo 14,13-14)

"O Senhor pelejará por vós." Você sabe o que aconteceu: o Senhor abriu o mar Vermelho e o povo atravessou em terra firme. Então, quando os soldados os perseguiram, as águas se fecharam e o exército egípcio foi destruído. Tudo que os israelitas tiveram que fazer foi andar com fé.

Mais tarde, o povo cantou uma canção louvando a Deus por libertá-los com seu poder:

> O Senhor é a minha força, e o meu cântico; ele me foi por salvação; este é o meu Deus, portanto lhe farei uma habitação; ele é o Deus de meu pai, por isso o exaltarei.
> O Senhor é homem de guerra; o Senhor é o seu nome.
> (Êxodo 15,2-3)

Os israelitas foram resgatados, apesar do medo e das reclamações. Não foram salvos por causa de nada que fizeram, mas porque Deus é quem é e ele havia planejado isso para aquele povo. Da mesma forma, Angel não achava que merecia ser resgatada. Ela não havia feito nada para ganhar a ajuda de Michael — muito pelo contrário, na verdade. Ela o abandonara e voltara para a prostituição. A maioria dos maridos ficaria feliz em vê-la se dar mal. No entanto, Michael não apenas a queria de volta, como também foi procurá-la e lutou contra quem se interpôs em seu caminho.

Consegue imaginar Deus lutando dessa maneira por *você*? Pois ele luta.

Colossenses 1,13-14 nos diz: "O qual nos tirou da potestade das trevas, e nos transportou para o reino do Filho do seu amor; em quem temos a redenção pelo seu sangue, a saber, a remissão dos pecados". Ele nos tirou das trevas e nos trouxe para a luz. E, quando voltamos aos velhos padrões e às trevas, nosso Deus guerreiro vem para nos resgatar de novo, lutando contra tudo e contra todos que nos impeçam de ir até ele.

Se você decidiu se afastar de Deus e está arrependido, anime-se. Deus o resgatou e não permitirá que ninguém se interponha entre ele e seu filho amado.

Visualize a cena em que Michael está lutando por Angel. Agora, imagine que Deus está lutando ainda mais por você. Que pecado ou padrão ele está enfrentando que impede você de ir até ele? Como o fato de saber que Deus o considera digno de resgate muda seu modo de pensar?

DIA 15

🌾

Ira e misericórdia

MICHAEL CHUTOU UMA MESA VIRADA *que estava no caminho e foi até Angel a passos largos. Não parecia em nada com o homem que ela passara a conhecer no vale.*

— *Eu disse para você continuar andando!*

Agarrou Angel pelo braço e a fez virar para a porta.

Angel ficou com medo até de olhar para ele. Teve medo de falar qualquer coisa. Nunca havia visto Michael daquele jeito antes, nem naquela vez em que ele perdera a calma no celeiro. Aquele não era o homem paciente e calado que ela pensava que conhecia. Era um desconhecido à procura de vingança. Ela se lembrou de Duke, acendendo seu charuto, e começou a suar frio.

Michael limpou o sangue do lábio.

— *Faça com que eu entenda, Angel. Por que fez isso?*

Angel. *Ele pronunciou o nome num tom mortal.*

— *Deixe-me descer dessa carroça.*

— *Você vem para casa comigo.*

— *Para você me matar?*

Nossa reação à ira — pelo menos à ira de alguém poderoso — costuma ser de medo.

A primeira reação de Angel ao ver Michael foi de alívio. Ele havia ido buscá-la! Ela não entendia por que, mas estava incrivelmente grata. Mas depois, sozinha com o homem que lutara tão agressivamente por ela, vislumbrou a extensão da ira dele. Ela nunca o havia visto assim. Ela o julgou com base em todos os outros homens que conhecera e presumiu que em breve suportaria o peso de sua ira. Aterrorizada, tentou escapar.

Em nossa mente, a ira costuma estar associada à falta de controle. Gente furiosa faz e diz coisas que não deveria, fazendo mal às pessoas ao redor, fisicamente ou com palavras cortantes. É assustador estar perto dessas pessoas, porque não sabemos o que elas podem fazer. Podem ficar furiosas por causa de um simples detalhe ou uma pequena frustração que não conseguimos prever. Não vemos nenhum lado positivo na ira e ficamos desconfortáveis ao pensar que Deus sempre fica furioso ou que sua ira pode ser dirigida contra nós.

Se você, assim como Angel, tem um passado que inclui abusos, pode ser ainda mais assustador. Quando alguém que nos resgatou fica furioso, ficamos inseguros. Perguntamo-nos se não teria sido melhor não termos sido resgatados.

Mas a ira de Deus é diferente. Pode ser ardente, mas não está fora de controle. Michael disse a Angel: "Senti vontade de matá-la quando entrei naquele quarto, mas não fiz isso.

Neste momento tenho vontade de lhe dar uma surra para enfiar juízo nessa sua cabeça, mas não vou fazer isso". Ao contrário da ira humana, a ira de Deus nunca leva a ações que ele possa lamentar. Nós podemos perder de vista a noção de certo e errado em meio às nossas emoções, mas Deus nunca perde.

A ira de Deus também é diferente porque é justa. Não é desencadeada por desprezo pessoal ou orgulho ferido. Ele fica furioso com o que é mau. Provérbios 6,16-19 nos dá uma lista de coisas que provocam a ira de Deus:

> Estas seis coisas o Senhor odeia, e a sétima a sua alma abomina:
> Olhos altivos, língua mentirosa, mãos que derramam sangue inocente,
> O coração que maquina pensamentos perversos, pés que se apressam a correr para o mal,
> A testemunha falsa que profere mentiras, e o que semeia contendas entre irmãos.

Deus fica irado quando as pessoas que ele ama e criou lhe dão as costas e prejudicam a si mesmas e aos outros. Nas Escrituras, frequentemente vemos que o objetivo de sua ira é provocar mudanças. Ele deseja profundamente que seu povo escolha o que é melhor.

Se pensarmos sobre isso, reconheceremos que a ira é a reação certa à injustiça ou à crueldade. A ira pode nos mover para além da indiferença e nos estimular a agir para que a situação mude. E a ira de Deus, pelo menos na história de Israel, comunicou ao povo quão sério para ele era o pecado, e, por fim, levou-os de volta ao seu cuidado.

Eis aqui outra diferença entre a nossa ira e a ira de Deus: Deus não retém ira. Enquanto nós nos apegamos à nossa ira durante muito tempo, Deus a abandona assim que ela cumpre seu propósito. Sua ira é temperada com amor.

O profeta Miqueias advertiu o povo de Judá acerca do julgamento de Deus sobre o pecado, mas também os lembrou de que Deus era seu pastor e criador amoroso, e que não permaneceria zangado com eles. Esta bela declaração vem no final do livro de Miqueias:

> Quem é Deus semelhante a ti, que perdoa a iniquidade, e que passa por cima da rebelião do restante da sua herança? Ele não retém a sua ira para sempre, porque tem prazer na sua benignidade.
> Tornará a apiedar-se de nós; sujeitará as nossas iniquidades, e tu lançarás todos os seus pecados nas profundezas do mar.
> (Miqueias 7,18-19)

Ao contrário de alguns seres humanos que guardam rancor e mantêm a chama da ira permanentemente acesa, prontos para transformá-la em um fogo violento, Deus deixa sua ira passar. Seu maior deleite é mostrar misericórdia, perdoar e ter compaixão. Isso — *o perdão* — é o objetivo final.

Se vive com medo de que a ira de Deus seja direcionada a você por causa de seu pecado, anime-se. Lembre-se de que aquele que o resgatou é um Deus que não permanece irado, que se regozija em mostrar misericórdia.

> *Quando se sentir assustado por pensar na ira de Deus, releia Miqueias 7,18-19 e medite sobre a mensagem desses versículos.*

DIA 16

✿

Em busca da liberdade

MICHAEL VIROU-SE PARA A ESTRADA *novamente e ficou em silêncio durante um longo tempo.*

— *Por que voltou para lá? Eu não entendo.*

Ela fechou os olhos e procurou uma boa desculpa. Não encontrou nenhuma e engoliu em seco.

— *Para pegar meu ouro* — *disse, sem convicção.*

Admitir aquilo fez com que ela se sentisse pequena e vazia.

— *Para quê?*

— *Quero ter uma pequena cabana na floresta.*

— *Você já tem uma.*

Ela mal conseguia falar com o aperto de dor que sentia no peito. Apertou a região e continuou:

— *Quero ser livre, Michael. Só uma vez, em toda a minha vida. Livre!*

Sua voz ficou embargada. Mordeu o lábio e agarrou a lateral do banco da carroça com tanta força que a madeira lhe cortou as mãos.

O rosto de Michael amaciou. A raiva desapareceu, mas não a mágoa, não a tristeza.

— *Você é livre. Mas ainda não sabe disso.*

⁂

Como definimos *liberdade*?

Para Angel, liberdade significava independência. Pela primeira vez, ela queria estar no controle de sua vida; queria ela mesma escolher o que fazer e quando.

Ansiava por um lugar onde pudesse ficar sozinha, onde ninguém lhe faria nenhuma exigência. Solidão completa. Autonomia completa.

Podemos entender o desejo de Angel. Depois de uma vida inteira de abuso, de ser controlada por pessoas más que não se importavam com ela e a usavam de forma egoísta para ganho próprio, ela não confiava em ninguém. Em sua cabeça, a única maneira de ser livre era contar só consigo mesma. E a maioria de nós tem o mesmo desejo.

Mas isso é realmente liberdade? Tirar as outras pessoas de nossa vida não resolve o problema central: nós mesmos.

Vivendo sozinha, Angel poderia ter evitado muita dor, mas ainda estaria presa a suas inseguranças e medos, sua raiva e dureza, seus arrependimentos e mágoas. Mesmo sem ninguém a prendendo, Angel não seria livre. E nenhum de nós também o seria. A verdadeira liberdade requer a intervenção de Deus.

Em Gálatas 5,1, Paulo escreveu: "Estai, pois, firmes na liberdade com que Cristo nos libertou, e não torneis a colocar-vos debaixo do jugo da servidão". Cristo é aquele que nos liberta — do pecado e das mágoas que afetam cada parte de nós. Claro, outras pessoas contribuem para nos enganar, mas nossa natureza humana empobrecida é o que nos mantém atolados em nossos próprios medos e nos impede de experimentar tudo que Deus tem para nos oferecer.

Quando confiamos em Cristo, ele nos liberta, quebrando o poder que o pecado tem sobre nós e nos permitindo ver como pode ser a vida quando seguimos Deus e fazemos as coisas à sua maneira. Dessa forma, Paulo nos exorta a permanecer livres e a não permitir que o pecado nos escravize novamente. Parece loucura que ele precise nos dizer isso. Por que alguém que foi resgatado voltaria ao cativeiro voluntariamente? Por que deixaríamos de lado uma vida de graça para voltar a uma vida de medo e cega obediência a qualquer preceito? Mas, de modo geral, é isso que fazemos. Conhecemos como é viver com medo. Embora desagradável, isso nos é familiar. Nós nos endurecemos diante desse sentimento e sabemos como sobreviver a ele.

A vida da graça, no entanto, não nos é familiar. Ela tira a casca que nos protege e nos transforma, e isso pode ser desconfortável. Aceitar a graça também significa aprendermos a confiar em nosso salvador. Em vez de estar constantemente em estado de alerta, protegendo-nos para que ninguém se aproveite de nós, aceitar uma vida de graça significa acreditar que Deus está fazendo o que é melhor para nós. A liberdade de Deus significa que paramos de lutar pela independência e aceitamos a entrega àquele que mais nos ama. Quando acabamos de ser resgatados, isso pode ser difícil. Ainda não temos certeza de que queremos mesmo esse tipo de liberdade.

Em João 5, lemos sobre um homem que foi inválido por trinta e oito anos. Jesus o encontrou deitado ao lado de um tanque em Jerusalém, onde muitos deficientes físicos aguardavam que a água borbulhasse. Eles acreditavam que esse movimento da água era causado por um anjo, e que a primeira pessoa que entrasse no tanque depois que a água se mexesse seria curada.

As primeiras palavras de Jesus ao homem foram uma pergunta: "Queres ficar são?" (versículo 6). Que coisa estranha de se perguntar! Por que o homem não quereria ficar são? Quem escolheria viver como inválido, incapaz de andar ou viver de maneira independente?

O homem respondeu: "Senhor, não tenho homem algum que, quando a água é agitada, me ponha no tanque; mas, enquanto eu vou, desce outro antes de mim" (versículo 7). Não sabemos os detalhes da vida desse homem, mas podemos imaginar que em sua busca por cura e liberdade, ele vinha tentando a mesma coisa havia anos, com muito esforço, mas pouca esperança de sucesso. Ele estava preso. Queria a cura de alguma forma ou sentia-se confortável sendo objeto de piedade? E, mesmo que desejasse ser curado, desejava o suficiente para tentar uma tática diferente e confiar em outra pessoa? Afinal, sua resposta a Jesus foi oferecer pretextos, não clamar por cura e libertação.

Talvez a pergunta de Jesus — para o homem e para nós — realmente se reduza a isto: "Está pronto para confiar que a liberdade que eu lhe dou é a melhor? Está disposto a aceitar minha ajuda e fazer as coisas do meu jeito?"

Jesus disse ao doente: "Levanta-te, toma o teu leito e anda". Imediatamente o homem ficou bom, pegou seu leito e começou a andar (versículos 8-9).

Se você se pega fazendo a mesma coisa repetidamente, sem ver nenhum resultado, pergunte-se quanto realmente deseja mudar. Está pronto para confiar que só seu salvador pode lhe propiciar a verdadeira liberdade?

O que "liberdade" significa para você? Pense no que o impede de aceitar a liberdade que Jesus lhe oferece.

DIA 17

❦

Removendo as máculas

Ele entrou na água, agarrou-a e a pôs de pé. Angel tinha um punhado de cascalho em cada mão. Os seios e a barriga estavam em carne viva de tanto ser esfregados.

— O que está fazendo?

— Preciso me lavar. Você não me deu oportunidade...

— Já se lavou bastante.

E tentou cobri-la com o casaco, mas ela se afastou.

— Ainda não estou limpa, Michael. Saia daqui e me deixe em paz.

Michael a agarrou com força.

— Vai terminar quando tiver arrancado sua pele fora? Quando sangrar? É isso? Pensa que fazendo isso ficará limpa?

Ele a soltou com medo de machucá-la.

— Não é assim que funciona — ele disse, com os dentes cerrados.

Ela se sentou devagar, com a água gelada até a cintura.

— É, acho que não — disse baixinho.

A compreensão de Angel — e o desespero silencioso que se segue — é de partir o coração.

Michael a resgatou do Pair-a-Dice, lutando por ela como um guerreiro apaixonado. Mas, depois que chegaram à casa, Angel o viu no celeiro, chorando. Ela entendeu quão profundamente o ferira com sua traição. Desesperada, correu para o riacho frio para tentar se limpar. Mas não importa quanto tempo e com quanta força ela esfregasse, não seria o suficiente. Não conseguia remover a mácula.

Não sei se algum ser humano consciente pode chegar à idade adulta sem ter momentos como esse. Somos pessoas que fazem escolhas erradas que magoam a Deus, aos outros e a nós mesmos. Às vezes, tentamos justificar nossas ações ou ignorar nossas transgressões, achando que não são grande coisa. Porém, mais cedo ou mais tarde, ficamos cara a cara com nosso pecado e com a impotência para nos livrarmos dele.

Nesse momento, devemos escolher o caminho que seguiremos — se em direção ao desespero ou à esperança.

Angel se sentiu maculada durante a maior parte da vida. Ela se culpava pelas coisas que haviam sido feitas a ela, e o peso dessa culpa a levou a fazer escolhas piores. Tentou fugir de sua dor e lutar contra ela, não se permitindo sentir nada nem se aproximar de ninguém. Mas, agora que viver com Michael havia baixado suas defesas, essa tática não estava mais funcionando. Confrontada com a angústia que suas escolhas haviam acarretado, ela reagiu com desespero, sentindo que nunca seria boa o bastante.

Quando sentimos uma culpa ou vergonha avassaladora, seja por causa de nosso pecado ou dos erros cometidos contra nós, como podemos seguir em frente? Podemos fazer penitência para compensar nossos erros e tentar viver o mais próximo possível da perfeição para não estragar tudo de novo. Mas nada ajuda a nos sentirmos melhor. O único que pode fazer nossas máculas desaparecerem e nos curar é Deus.

O rei Davi escreveu o Salmo 51 depois de seu pecado com Bate-Seba. Ele não só cometeu adultério com uma mulher casada que engravidou, como também conspirou para que o marido dela fosse morto, para que ninguém descobrisse. Temos a impressão de que Davi fugiu de seu pecado e tentou se justificar — até o momento em que Deus enviou o profeta Natã para confrontá-lo com uma história contundente. Quando Davi ouviu "Tu és este homem!" (2 Samuel 12,7), sua autojustificativa desmoronou e ele foi forçado a aceitar o que havia feito.

No Salmo 51, ele escreveu estas palavras:

> Pois não desejas sacrifícios, senão eu os daria; tu não te deleitas em holocaustos.
> Os sacrifícios para Deus são o espírito quebrantado; a um coração quebrantado e contrito não desprezarás, ó Deus.
>
> (Versículos 16-17)

Davi vai ao cerne das coisas. Como um rei rico, ele poderia ter oferecido muitos sacrifícios para expiar seus pecados. Mas ele entendeu corretamente o que era mais importante para Deus e voltou-se para o Senhor, arrasado e arrependido. Embora seja difícil sentir o peso de nosso passado e de todas as maneiras como nos afastamos de Deus, este é o primeiro passo no caminho da redenção, porque nos leva ao segundo: perceber que só Deus pode nos purificar.

Tito 3,4-7 diz:

> Mas quando apareceu a benignidade e amor de Deus, nosso Salvador, para com os homens,
> Não pelas obras de justiça que houvéssemos feito, mas segundo a sua misericórdia, nos salvou pela lavagem da regeneração e da renovação do Espírito Santo,
> Que abundantemente ele derramou sobre nós por Jesus Cristo nosso Salvador;
> Para que, sendo justificados pela sua graça, sejamos feitos herdeiros segundo a esperança da vida eterna.

Fazer suficientemente boas ações não nos purifica. Não importa quão pesados sejam nossos pecados ou quão feio seja nosso passado, somos salvos pela misericórdia de Deus e purificados pelo Espírito Santo.

Se você tem fugido da realidade de seu passado e agora está começando a sentir o peso disso, anime-se. Pare de correr e lutar e reconheça para si mesmo e para Deus que você não pode consertar as coisas sozinho. Volte-se para ele em arrependimento, sabendo que Deus pode lavar suas máculas e transformar seu desamparo em esperança.

> *O que você anda escondendo ou tentando consertar sozinho? Confesse isso a Deus e deixe que ele o purifique completamente.*

DIA 18

❧

Segurando a mão que nos resgata

ELE SUBIU A COLINA E se sentou com os braços apoiados nos joelhos.
— E agora, o que eu faço?
Nada tinha voltado a ser como antes. Eles dois andavam lado a lado, mas jamais se tocavam, jamais se falavam. Ela abriu um corte em si e lhe exibiu as entranhas naquela noite em que a trouxera para casa. Agora sangrava até a morte e não permitia que a cura viesse. Esperava agradá-lo trabalhando feito uma escrava, quando tudo o que ele queria era seu amor.
Passou a mão no cabelo e apoiou a cabeça. E então, o que eu faço, meu Deus? O que eu faço?
Cuide da minha ovelha.
O Senhor sempre diz isso, mas não sei como. Não sei o que quer dizer. Não sou um profeta, Senhor. Sou um simples fazendeiro. Não estou à altura da missão que determinou para mim. Meu amor não bastou para ela. Ela continua no fundo do poço, morrendo. Estendo-lhe a mão, mas ela não quer. Ela vai se matar tentando merecer meu amor, quando ele já é dela.

Pense nesta cena comum de um filme de ação ou programa de TV: um personagem está pendurado em um penhasco ou em um prédio, mal se segurando, enquanto outro corre e grita: "Pegue a minha mão!" A pessoa pendurada usa toda a sua força para se agarrar à mão oferecida e é lentamente erguida para um lugar seguro.

Mas, de vez em quando, essa cena segue uma direção diferente. O suposto salvador aparece, mas a pessoa pendurada recusa a ajuda — às vezes até escolhe se soltar. Por que uma pessoa faria isso? Talvez porque não queira aceitar a ajuda de ninguém ou não se sinta digna de ser resgatada.

Michael estava estendendo a mão para ajudar Angel, mas ela não a aceitou. Em vez disso, continuou tentando sair do buraco sozinha, esforçando-se cada vez mais, com mais penitência, mais esforço, quando o socorro estava bem à sua frente, bastando-lhe que estendesse a mão.

Em Lucas 15, lemos a conhecida história do filho pródigo. Depois de desrespeitar as tradições de sua cultura e pedir sua herança adiantada, o filho mais novo desperdiçou tudo na "vida dissoluta" (versículo 13) e acabou passando fome em outro país. Percebendo que até os servos de seu pai recebiam alimentos e vestimentas, ele voltou para casa, treinando seu discurso o tempo todo. "Levantar-me-ei, e irei ter com meu pai, e dir-lhe-ei: 'Pai, pequei contra o céu e perante ti; Já não sou digno de ser chamado teu filho; faze-me como um dos teus jornaleiros'" (versículos 18-19).

O pródigo se preparou para reconquistar as boas graças de seu pai por meio de trabalho duro. Talvez ele tenha pensado que, quando recuperasse o suficiente do dinheiro que havia perdido, seu pai poderia pensar em aceitá-lo novamente. Quaisquer que fossem suas esperanças, ele decidiu se basear naquilo que considerava mais importante: que ele não era mais digno.

Como avaliamos nosso próprio valor? Talvez o baseemos em nosso nível de produtividade, nossa proporção de boas e más escolhas ou na ausência de grandes pecados. Ou talvez o baseemos em quanto tempo passamos orando, lendo a Bíblia ou ajudando na igreja. Seja qual for nossa fórmula, se falharmos, não acreditaremos que Deus vai querer se preocupar conosco. Não nos sentimos dignos de sua graça e atenção.

Mas o pai do filho pródigo não estava preocupado com valor. O versículo 20 diz: "E, levantando-se, foi para seu pai; e, quando ainda estava longe, viu-o seu pai, e se moveu de íntima compaixão e, correndo, lançou-se-lhe ao pescoço e o beijou". O pai começou a dar uma grande festa de boas-vindas, dizendo: "Porque este meu filho estava morto, e reviveu, tinha-se perdido, e foi achado. E começaram a alegrar-se" (versículo 24). Ficamos com a impressão de que se o pai tivesse ideia de onde o filho estava, já o teria procurado e o levado para casa havia muito tempo. O resgate estava disponível para o pródigo mesmo quando — talvez especialmente quando — ele não o merecia.

O resgate está disponível para todos nós, não importa se achemos que o merecemos. Tudo que temos a fazer é estender a mão.

É preciso fé para nos segurar em outra pessoa e confiar que ela nos tirará do buraco em que estamos. Se tivermos que abrir mão de outra coisa para nos segurar, pode parecer ainda mais assustador. E se o nosso salvador não for forte o bastante? Não é melhor tentarmos chegar ao topo sozinhos?

Mas aquele a quem somos chamados a segurar a mão nunca vacilará.

Só ele é forte o suficiente para nos salvar.

O Salmo 31,1-2 diz:

> Em ti, SENHOR, confio; nunca me deixes confundido. Livra-me pela tua justiça.
> Inclina para mim os teus ouvidos, livra-me depressa;
> sê a minha firme rocha, uma casa fortíssima que me salve.

Deus pode ser nosso salvador, nossa rocha e nossa fortaleza. Ele não exige que nos salvemos ou mostremos que somos dignos. Se estiver exausto de tentar chegar ao topo do penhasco, na esperança de voltar às boas graças de Deus, lembre-se de que o resgate dele é seguro e gratuito. O que você tem a perder segurando a mão de Deus?

Imagine que você está pendurado em um penhasco e vê Deus lhe oferecendo a mão. Talvez se sinta indigno; talvez esteja pendurado ali por causa de suas próprias decisões. Mas imagine-se segurando a mão de Deus e sendo puxado para um lugar seguro. Como o fato de aceitar o resgate de Deus muda sua vida?

DIA 19

🌼

O medo do julgamento

ANGEL CERROU OS PUNHOS NO colo e ficou de cabeça baixa. O que estava fazendo numa igreja?

Uma senhora de cabelo preto e touca de pano marrom-claro olhava insistentemente para ela. Angel ficou com a boca seca. Será que já sabiam? Será que tinha uma marca na testa?

O pastor olhava diretamente para ela, falava sobre pecado e danação. Ela começou a transpirar e a sentir frio. Ficou nauseada.

Todos se levantaram e começaram a cantar. Nunca havia ouvido Michael cantar antes. Ele tinha uma bela voz, profunda, melodiosa, e sabia a letra sem precisar do hinário que o homem ao lado lhe oferecera. Aquele era o lugar dele. Acreditava em tudo aquilo. Em cada palavra. Ela se virou para frente de novo e olhou bem para os olhos escuros do pregador. Ele sabe, como o padre de mamãe sabia.

Ela precisava sair dali! Quando todos se sentassem novamente, aquele pastor provavelmente apontaria direto para ela e perguntaria o que estava fazendo em sua igreja.

Você já entrou em uma sala, ou se viu andando na rua, e sentiu que suas escolhas erradas eram óbvias para todos? *Todos devem saber o que eu fiz!* A culpa que sentimos por nossos erros nos faz perder a perspectiva, e temos certeza de que somos os únicos que não levamos uma vida perfeita. Nós nos fechamos, prontos para enfrentar a desaprovação e a condenação daqueles que parecem ter tudo sob controle.

Angel sabia como lidar com os homens que pagavam para usar seu corpo — homens cuja vida era tão cheia de vícios e arrependimentos quanto a dela. Mas ela não sabia como enfrentar pessoas que viviam segundo outras regras. E os cristãos? Eles a apavoravam. Se conhecessem a história dela, certamente a expulsariam da igreja com justa indignação.

Em nossa cultura de mídias sociais, parece que tudo é exposto. Vemos alguns momentos isolados e selecionados da vida de outras pessoas e nossa imaginação preenche as lacunas. Se uma criança ganhou um concurso na escola, seus pais devem ser perfeitos em todos os sentidos. Se uma pessoa foi promovida no trabalho, nunca deve errar nem ter um momento de ansiedade. O mais perigoso é quando fazemos esse tipo de suposição sobre os relacionamentos dos outros com Deus, supondo que as pessoas ao nosso redor raramente lutam contra o pecado ou a tentação e são modelos de fé e virtude. Estamos todos muito familiarizados com nossas falhas internas, e por isso comparamos a realidade confusa de nossa vida com o exterior aparentemente perfeito dos outros. E então esperamos desaprovação e condenação de qualquer um que nos veja como realmente somos.

Mas a verdade é que todas as pessoas do mundo enfrentam dificuldades. Estamos todos feridos e cansados, e somos imperfeitos. As Escrituras nos dizem que todos pecam e carecem da glória de Deus (Romanos 3,23). Ninguém escapa do fracasso esmagador do pecado.

Angel provavelmente nunca havia ouvido falar do Sermão da Montanha, mas, se o conhecesse, talvez se surpreendesse com estas palavras de Jesus: "Ouvistes que foi dito aos antigos: Não cometerás adultério. Eu, porém, vos digo, que qualquer que atentar numa mulher para a cobiçar, já em seu coração cometeu adultério com ela" (Mateus 5,27-28). Deus não se preocupa só com nosso comportamento. Ele se preocupa com o que se passa em nosso coração — nossos pensamentos e atitudes, nosso ciúme e raiva, nosso orgulho e medo. E não importa quem sejamos ou quão bons pareçamos, nosso coração é confuso, pecaminoso e imperfeito.

Então, por que os seres humanos tendem a criticar e julgar? Talvez isso faça com que nos sintamos melhor acerca de nós mesmos, pelo menos temporariamente. Quando vemos as falhas de outra pessoa, as nossas não parecem tão grandes. Mas essa atitude é perigosa. Jesus alertou contra isso em uma vívida passagem do Sermão da Montanha:

> Não julgueis, para que não sejais julgados.
> Porque com o juízo com que julgardes sereis julgados, e com a medida com que tiverdes medido vos hão de medir a vós.

> E por que reparas tu no argueiro que está no olho do teu irmão, e não vês a trave que está no teu olho?

As traves em nossos olhos tornam impossível ver os outros com clareza. Então, por que perder tempo condenando os outros ou nos preocupando com o que pensam de nós? Paulo descreveu como nós, cristãos, devemos tratar alguém que está lutando contra o pecado:

> Irmãos, se algum homem chegar a ser surpreendido nalguma ofensa, vós, que sois espirituais, encaminhai o tal com espírito de mansidão; olhando por ti mesmo, para que não sejas também tentado.
> Levai as cargas uns dos outros, e assim cumprireis a lei de Cristo.
>
> (Gálatas 6,1-2)

Com gentileza e humildade, abordamos o pecado do outro com o objetivo de ajudá-lo a voltar para o caminho correto, ao mesmo tempo que entendemos que ninguém está livre das tentações. Compartilhamos fardos no amor. Nosso objetivo é resgatar, não julgar.

As pessoas são imperfeitas, e esse tipo de resposta amorosa nem sempre acontece. Mas é para isso que Deus nos chama. Se você está enfrentando a tentação ou o pecado e sente medo da resposta que pode receber de outros seguidores de Cristo, espero que se lembre dessa passagem e procure pelo menos uma pessoa de sua comunidade cristã que lhe responda com gentileza e humildade, e o conduza para a verdade de Deus, em vez de afastá-lo dela. Afinal, se a igreja não é para pecadores, para quem é?

> *Se estiver se afastando de outros cristãos porque tem medo da condenação, peça a Deus para ajudá-lo a ver os outros com mais precisão e encontrar relacionamentos que lhe deem apoio.*

DIA 20

❦

Aprendendo a amar

Angel sabia que as perguntas viriam e que inventar mentiras só pioraria as coisas para ela. Por que não acabar logo com aquilo, para a menina deixá-la em paz? Quem sabe, se todos soubessem a verdade, talvez fossem passar o inverno em outro lugar. Certamente aquela mulher não ia querer dormir na mesma cama em que tinha dormido uma prostituta.

— Vim sozinha para a Califórnia. Conheci Michael em um bordel, no Pair-a-Dice.

Miriam deu risada e, quando viu que Angel falava sério, parou de rir.

— Você está falando sério, não é?

— Estou.

Miriam ficou um bom tempo calada e Elizabeth fechou os olhos novamente.

— Você não precisava dizer nada — Miriam disse. — Por que respondeu?

— Para não terem nenhuma surpresa chocante mais adiante — disse Angel com amargura, a garganta apertada.

— Gostaria de ser sua amiga — disse Miriam.

Angel levantou a cabeça, surpresa.

— Por que ia querer ser minha amiga?

Miriam também se surpreendeu.

— Porque gosto de você.

Quando estamos atolados em nossa miséria e autocondenação, é difícil pensar nos outros.

Angel nunca teve um amigo de verdade, exceto Lucky — e esse relacionamento era baseado na condição de vida que levavam. Elas se entendiam porque tinham muito em comum, e como já sabiam o pior do passado uma da outra, não precisavam se esconder. Mas Miriam e o restante dos Altman eram uma história diferente.

Os anos que Angel levou se protegendo da dor ergueram um muro em volta de seu coração. Ela não confiava em ninguém e não deixava ninguém se aproximar demais. Então decidiu que a melhor maneira de afastar esse tipo de cristão para sempre era se abrir a respeito de seu passado, contar tudo ela mesma, antes que pudessem descobrir e rejeitá-la. Depois de tudo, quando Miriam ainda quis ser sua amiga, Angel não soube como agir.

As feridas de nosso passado podem nos afetar durante muito tempo depois de termos sido resgatados. Quando outras pessoas nos magoam, vemos os relacionamentos como fonte de grande sofrimento. Nós nos afastamos das pessoas que se aproximam, atentando-nos para não lhes dar nenhuma munição para nos ferir. E começamos a pensar no isolamento e na independência como forma ideal de agir.

Mas não é isso que Deus considera o melhor para nós. Por mais confusos e dolorosos que sejam os relacionamentos, eles também nos propiciam vida. Veja Eclesiastes 4,9-12:

> Melhor é serem dois do que um, porque têm melhor paga do seu trabalho.
>
> Porque, se um cair, o outro levanta o seu companheiro; mas ai do que estiver só; pois, caindo, não haverá outro que o levante.
>
> Também, se dois dormirem juntos, eles se aquentarão; mas um só, como se aquentará?
>
> E, se alguém prevalecer contra um, os dois lhe resistirão; e o cordão de três dobras não se quebra tão depressa.

Essa passagem enfoca os benefícios práticos dos relacionamentos — ajuda, calor e defesa. Mas muita emoção é transmitida na terceira sentença: "Mas ai do que estiver só; pois, caindo, não haverá outro que o levante". Podemos nos sentir tentados a acreditar que, se nos fecharmos, não teremos que ajudar ninguém e ninguém exigirá nada de nós. Mas nos isolarmos também significa que, quando estivermos com problemas, os enfrentaremos sozinhos. E esse não é o desígnio de Deus.

Fomos criados para cuidar dos outros e sermos cuidados por eles. Desde o início, Deus disse: "Não é bom que o homem esteja só" (Gênesis 2,18). Ele sabia que a vida na Terra seria difícil e que precisaríamos de outras pessoas para nos ajudar a dividir o fardo. Romanos 12,15 menciona: "Alegrai-vos com os que se alegram; e chorai com os que choram". Quando outras pessoas compartilham nossa tristeza, a compaixão que emana delas faz com que nos sintamos menos sozinhos. Quando outros celebram conosco, nossa alegria se expande. E quando nos importamos o bastante para compartilhar as alegrias e tristezas dos outros, nosso amor por eles cresce e nosso coração se transforma.

Amar os outros nos leva para fora de nós mesmos. Quando não temos que levar ninguém em consideração, podemos nos tornar egocêntricos e pensar apenas no que nos beneficiará. No entanto, quando começamos a amar outras pessoas, preocupamo-nos com o bem-estar delas. Desejamos-lhes o melhor, e isso pode nos mudar. Uma vez que a filha mais nova de Altman, Ruthie, começou a gostar de Angel, esta teve que começar a responder de um jeito diferente. Tudo bem para ela afastar todo mundo, mas não podia ferir os sentimentos de uma criança. Amar Ruthie ajudou Angel a deixar de lado um pouco de seu orgulho e de sua autocondenação, e ela começou a pensar que poderia ter algo de valor a oferecer.

Se você se sente isolado, retraído por causa de suas inseguranças ou mágoas, lembre-se de que Deus nos criou para precisarmos de outras pessoas. Amar os outros e aprender a sermos amados por eles é uma dádiva que pode nos transformar. E isso acontece melhor quando colocamos Deus no centro de nossos relacionamentos. Quando Eclesiastes 4,12 diz que um "cordão de três dobras não se quebra tão depressa", é um lembrete de que a presença de Deus é o que faz nossos relacionamentos funcionarem. A presença dele fortalece nossas relações, torna-as mais profundas e duradouras.

1 João 4,12 diz: "Se nos amamos uns aos outros, Deus está em nós, e em nós é perfeito o seu amor". À medida que amamos os outros, Deus nos torna mais semelhantes a ele.

Pense em uma ocasião em que cuidar de outra pessoa acabou o ajudando. Se você se sente isolado, o que pode fazer para promover bons relacionamentos?

DIA 21

❦

Ouvindo a voz certa

MIRIAM TIROU AS TIGELAS E *olhou para Angel.*
— *Agora conte que história é essa.*
— *O quê?*
— *Você sabe. Você e Paul. Ele a amava antes de se casar com Michael?*
Angel deu uma risada zombeteira.
— *De jeito nenhum.*
Miriam franziu a testa.
— *Ele não aprovou.*
— *Não aprova* — *corrigiu Angel.* — *E tem bons motivos.*
— *Não pense muito mal dele* — *Angel disse.* — *Ele estava cuidando do Michael* — *ela bateu mais uma vez na peneira e a pôs de lado.* — *Conheci uma menina uma vez que ganhou um pedaço de ametista de presente. Era lindo. Cristais roxos e puros. O homem disse que vinha de um geodo em forma de ovo que ele havia quebrado e que ainda estava com parte da casca. Cinza, feia, lisa. Eu sou assim, Miriam. Só que virada do*

avesso. Toda a beleza está aqui — e tocou na trança do cabelo e no rosto perfeito. — *Por dentro sou escura e feia.* Paul viu isso. Miriam *ficou com os olhos cheios de lágrimas.*
— *Então ele não a olhou bem.*

✶

Acaso deixamos que a maneira como os outros nos veem determine como nos vemos?

Paul era uma presença sombria na vida de Angel, constantemente fazendo-a recordar de onde ela vinha e o que havia sido. Sempre que Angel começava a pensar que poderia conseguir se adaptar àquela nova vida com Michael, imaginava Paul ali, dizendo-lhe que ela não passava de lixo e que nunca mudaria. Paul a fazia recordar um de seus piores momentos, e, quando ela pensou sobre como havia traído Michael, teve certeza de que era exatamente tão má quanto Paul dizia que era.

Se Paul funcionou como a voz da acusação na vida de Angel, Miriam se tornou a voz do incentivo. Paul apontava para o passado de Angel, para o que ela havia sido. Miriam apontava para o futuro, para o que ela estava se tornando. Paul via Angel pelas lentes da raiva, da culpa e do ciúme, ao passo que Miriam a via pelas lentes do amor e do perdão. Paul só podia ver pecado e dureza em Angel, mas Miriam via sua dor e como ela estava se transformando. Miriam se atentava para o coração.

As Escrituras deixam claro que nosso coração é prioridade para Deus. No Sermão da Montanha, Jesus mostra repetidamente que as atitudes do coração são tão importantes quanto as ações. E em 1 Samuel, lemos essa verdade em uma história bem conhecida sobre Deus que escolheu Davi para ser o próximo rei de Israel. Davi era um guerreiro poderoso, mas, antes de ser ungido rei, era um pastor inconsequente — e o mais novo de oito filhos. Quando o profeta Samuel recebeu a palavra de Deus de que um dos filhos de Jessé seria o próximo rei, pediu a este que levasse os rapazes à sua frente. O mais velho era alto e bonito, e Samuel pensou que certamente era o escolhido de Deus. Mas Deus disse a Samuel para olhar de novo, "porque o Senhor não vê como vê o homem, pois o homem vê o que está diante dos olhos, porém o Senhor olha para o coração" (1 Samuel 16,7). O Senhor não estava preocupado com a aparência de Davi ou com o que ele já havia realizado. O mais importante era a atitude de Davi para com Deus e como este poderia usá-lo no futuro.

Muitas vezes nos sentimos injustamente avaliados, não é? As pessoas nos julgam com base em nossa aparência, nossa situação financeira, nosso sucesso no trabalho, nossas amizades, nossa personalidade — tudo sem ter a menor ideia do que acontece dentro de nós. Às vezes, as pessoas nos condenam sem nem mesmo nos dar uma chance. Sentimo-nos invisíveis, desconhecidos. Portanto, é uma dádiva quando alguém nos olha além do nosso exterior e vê nosso coração. E é uma dádiva ainda maior quando essa pessoa nos lembra quem realmente somos por dentro.

Todos nós neste mundo teremos de lidar com pessoas como Paul — que nos desaprovam e não nos deixam esquecer as coisas que fizemos no passado. Se você acha que não pode fugir das opiniões negativas dos outros a seu respeito, e se essas opiniões negativas estão afetando o que você pensa sobre si mesmo, apegue-se à verdade de 1 João 3,1: "Vede quão grande amor nos tem concedido o Pai, que fôssemos chamados filhos de Deus. Por isso o mundo não nos conhece; porque não o conhece a ele". Se você é um seguidor de Cristo, é um filho de Deus. Você foi resgatado. Deus o está transformando. *Isso* é o que está em seu coração.

Precisamos aprender a ouvir as vozes certas, as Mirians de nossa vida, que nos encorajarão com a verdade sobre quem somos. E, acima de tudo, precisamos aprender a ouvir a voz de Jesus. João 10,27 diz: "As minhas ovelhas ouvem a minha voz, e eu conheço-as, e elas me seguem". Quando aprendermos a identificar e ouvir a voz de nosso pastor, nunca esqueceremos que somos pessoas resgatadas.

Quem é a Miriam de sua vida? Identifique uma ou duas pessoas que o encorajam, o conduzem para Deus e o fazem recordar quem você realmente é. Em seguida, reserve um tempo esta semana para entrar em contato com elas.

DIA 22

❧

Nada pode nos separar

ANGEL HAVIA JURADO QUE NUNCA *amaria ninguém, e agora isso estava acontecendo, contra a sua vontade. Aquilo se manifestava e crescia a contragosto dentro dela, abria caminho na escuridão de sua mente, até aflorar. Como uma semente que busca a luz do sol da primavera, ia crescendo. Miriam, a pequena Ruth, Elizabeth. E agora Michael. Toda vez que olhava para ele, ele feria seu coração. Queria esmagar esses sentimentos novos, mas eles persistiam, lentamente iam abrindo caminho.*

Duke tinha razão. Era insidioso. Uma armadilha. Crescia como hera, entrava à força nas menores frestas de suas muralhas, e ia acabar fazendo com que ela inteira ruísse. Se ela permitisse. Se não matasse aquele sentimento o mais rápido possível.

Ainda há uma saída, *disse a voz sombria.* **Conte para ele a pior coisa que já fez. Conte-lhe a respeito de seu pai. Isso vai envenenar o relacionamento. E acabará com a dor que cresce dentro de você.**

Então ela resolveu confessar-lhe tudo. Quando Michael soubesse de tudo, aquilo acabaria. A verdade criaria um abismo tão grande e tão profundo entre eles, que ela ficaria a salvo para sempre.

❦

Quando afastamos as pessoas com nossas palavras e ações que ferem, às vezes elas recuam e desistem de nós. Mas, quando tentamos afastar Deus, ele permanece fiel a nós.

Temendo os laços emocionais que estava desenvolvendo com os Altman e Michael, Angel decidiu que a única saída era matar esses sentimentos. Ela contaria a Michael as piores coisas que já havia feito, e ele ficaria enojado e a rejeitaria. Ele não a amaria mais e ela estaria segura.

Angel julgou Michael segundo todas as pessoas que havia conhecido — que a haviam abandonado ao primeiro sinal de decepção ou problema, ou talvez até antes. Mas as coisas não saíram como ela esperava. Sim, Michael ficou magoado. Ele sofreu por causa do que Angel havia feito e por saber que ela não poderia ter filhos. Aflito, ele orou a Deus, sem saber por que isso estava acontecendo. Mas seu amor não hesitou. Ele ouviu Angel, chorou com ela e a confortou. E então, respondendo a um comentário que Angel fez sobre sua infância, ele lhe deu um presente: fez para ela um jogo de sinos de vento.

Não podemos julgar Deus pelo que sabemos dos seres humanos. Ele não funciona assim. Sua graça nos surpreende, mesmo quando já caminhamos com ele há anos. Mesmo quando já vimos isso antes. Quando estamos no abismo do desespero, afundados em nosso pecado ou dor, sua graça é maior do que podemos imaginar.

Paulo expôs isso em Romanos 5:

> Porque Cristo, estando nós ainda fracos, morreu a seu tempo pelos ímpios.
> Porque apenas alguém morrerá por um justo; pois poderá ser que pelo bom alguém ouse morrer.
> Mas Deus prova o seu amor para conosco, em que Cristo morreu por nós, sendo nós ainda pecadores.
>
> (Versículos 6-8)

Deus não exige que sejamos puros antes de nos aproximarmos dele. Ele não nos ordenou que entrássemos nos eixos antes de concordar em morrer por nós. Não. Ele escolheu morrer por nós enquanto ainda estávamos atolados em pecados, sem nenhuma maneira de escapar. Hoje, ele escolhe nos amar quando ainda pecamos. Ele escolhe nos amar quando lhe viramos as costas e vivemos como se ele não existisse, mesmo quando ele nos chama para voltar.

Nada pode nos afastar do amor de Deus. Romanos 8,38-39 comunica isso lindamente:

> Porque estou certo de que, nem a morte, nem a vida, nem os anjos, nem os principados, nem as potestades, nem o presente, nem o porvir,

> Nem a altura, nem a profundidade, nem alguma outra criatura nos poderá separar do amor de Deus, que está em Cristo Jesus nosso Senhor.

Que dificuldades poderíamos acrescentar a esta passagem? Cada um de nós teme ser separado do amor de Deus por um motivo diferente. Qual é o seu? Qual é a sua falha? Orgulho? Um pecado que você simplesmente não consegue superar? Circunstâncias financeiras difíceis ou relacionamentos familiares conflitantes? Maus hábitos? Falta de tempo para orar ou estudar a Bíblia? Nada disso pode nos separar do amor de Deus que está em Cristo Jesus nosso Senhor. Nada.

Não podemos assustar Deus com nossos pecados ou afastá-lo com nossa raiva. Não podemos fugir dele. O amor dele é maior que isso.

O Salmo 139 fala sobre a presença constante de Deus:

> Para onde me irei do teu espírito, ou para onde fugirei da tua face?
> Se subir ao céu, lá tu estás; se fizer no inferno a minha cama, eis que tu ali estás também.
> Se tomar as asas da alva, se habitar nas extremidades do mar,
> Até ali a tua mão me guiará e a tua destra me susterá.
> (Versículos 7-10)

Para alguém com histórico de abusos, esses versículos podem parecer ameaçadores, no início. Não podemos fugir de Deus? Mas então percebemos que eles estão simplesmente declarando a verdade: Deus está sempre conosco porque ele está em toda parte. Não há nenhum lugar para onde possamos ir para escapar dele — e isso é uma coisa boa, porque suas intenções para conosco são as melhores. O versículo 10 deixa claro o que Deus faz enquanto está por perto: ele nos guia em sua sabedoria e nos segura pela mão. Não precisamos ter medo. Deus oferece amor.

Se estiver tentando se afastar de Deus, lembre-se de que ele sempre lhe será fiel. Nada poderá separar você do amor dele.

No fundo, o que você teme que possa separá-lo de Deus? Copie Romanos 8,38-39, incluindo seus próprios medos, e coloque a passagem em um lugar onde consiga vê-la todos os dias.

REDENÇÃO

Ser redimido é ter nossa liberdade comprada por outra pessoa, alguém que esteja disposto a pagar o preço de nossa liberdade, custe o que custar.

O que faria alguém agir dessa maneira?

O amor, mas não o amor como o conhecemos. Um amor além da compreensão, mas ansiado e desejado desde o ventre. O tipo de amor que não tem limites, mas tem o poder de mudar a mente, o coração e a alma de uma pessoa. Um amor que é impossível manter sem um poder maior que nós. Como o personagem de Michael em *Amor de redenção*. Ele ama a Deus mais que a qualquer pessoa, portanto deseja e é capaz de amar Angel da mesma maneira total e ardente que Jesus o amou. Levei trinta e sete anos para me render ao amor de Deus. Mais de trinta anos se passaram desde então, e ainda me admiro com ele, ainda descubro como é pálida minha compreensão da magnitude, da profundidade e da extensão do amor que Deus tem por mim — e por você. Somos seres humanos; só podemos ver partes, não o todo.

Ser redimido nos libera da culpa, da dívida. Espiritualmente, estamos livres das consequências de cada coisa má que já fizemos, de cada pensamento maligno que tivemos, de cada palavra cruel, falsa, rude e desagradável que dissemos. Não, não é justo. Não é merecido. É por isso que se chama graça de Deus.

Antes de aceitar a dádiva da graça de Deus, quando olhava para trás, eu via um monte de coisas que gostaria de nunca ter feito, pensado ou dito. Sem justificativas e racionalizações, eu me vi olhando para a verdade. Eu estava péssima, mas o que sentia era muito pior do que essa simples palavra sugere. No entanto, quando aceitei a dádiva da graça de Deus, eu me senti abençoada e agradecida. Jesus sofreu o pior da brutalidade humana e morreu para me redimir — não só do que eu havia feito no passado, mas do que faria no futuro, quando sem dúvida tropeçasse e caísse, apesar de meus melhores esforços para segui-lo. E ele estaria lá, pronto e capaz para ajudar a me levantar de novo.

A maioria de nós deseja enfrentar nossos problemas à nossa maneira e em nosso próprio tempo. Muitas vezes, isso significa negar que somos indecisos, e seguimos nosso próprio caminho, esquecendo-nos de que o tempo chega ao fim, muitas vezes quando menos esperamos. Alguns de nós sabemos que estamos no fundo do poço, profundamente endividados (e não estou falando de dinheiro). Quando eu estava assim, ansiava por uma vida diferente, por um recomeço, por uma nova chance. O incrível foi que eu consegui. E você também poderá conseguir.

O resgate abre a porta que o aprisiona. A redenção pega sua mão e o conduz à liberdade.

DIA 23

❦

Aprendendo o que é o amor

— *O AMOR PURIFICA, MINHA amada. Ele não derrota ninguém. Não joga culpas —* e a beijou de novo, desejando ter as palavras certas para dizer o que sentia.

As palavras nunca lhe bastariam para mostrar à sua amada o que ele queria lhe dizer.

— *Meu amor não é uma arma. É a linha da vida, um salva-vidas. Estenda a mão, agarre-se e não se solte mais.*

Dessa vez, quando ele a puxou para perto e a abraçou, ela não resistiu. Então, quando ela o abraçou também, ele suspirou e toda a tensão daquelas últimas semanas desapareceu.

— *Essa sensação é boa, não é? É assim que deve ser.*

— *Eu não conseguia parar de pensar em você* — ela desabafou, chegando mais perto e sentindo o cheiro doce de seu corpo.

Angel sentia falta daquela sensação de segurança que só existia quando estava perto dele. Ele estava mesmo decidido a ficar com ela. Ora, por que não deixar que isso acontecesse? Não era o que ela queria? Pertencer a ele. Ficar com ele para *sempre. Não era isso que desejava, todos os minutos, desde que o deixara?*

— Você me faz ter esperança, Michael. Não sei se isso é bom.
— É bom sim — ele disse.
Ele a abraçou com força e se alegrou com aquela admissão. Era um começo.

༺❦༻

Como é o verdadeiro amor?
A ideia de amor de Angel havia sido distorcida pelo que ela observara na vida de sua mãe. Na mente de Angel, o amor nos enfraquece. Quando você ama alguém, fica à mercê dessa pessoa. Se os entes queridos podem machucá-lo simplesmente retirando sua presença ou afeto, poderiam esmagá-lo totalmente ao sair de sua vida. Angel vira sua mãe se tornar tão dependente de Alex que, assim que ele partiu, ela perdeu toda a vontade de viver. Então, quando ela se sentiu apaixonada por Michael, fez a única coisa em que pôde pensar: fugiu.

Mas Michael foi atrás dela. Tentou convencê-la de que o amor que ela sentia por ele era bom e que ele nunca usaria esse amor contra ela. O amor de Michael era absolutamente diferente do amor distorcido que ela observara no relacionamento de seus pais, porque surgira de seu amor por Deus, não de seu egoísmo.

Todos nós temos visões distorcidas do amor. Nós as tiramos de filmes e programas de TV, notícias sobre celebridades, revistas e livros, e de nossas experiências. Algumas são positivas e idealistas:

- "O amor é um sentimento avassalador que faz a vida valer a pena."
- "O amor romântico preenche a vida."
- "O amor é perfeito e fácil quando compartilhado com a pessoa certa."

Outras são mais negativas:

- "O amor não dura para sempre."
- "Amar é conseguir o que você deseja."
- "O amor nos amarra."

Não é de surpreender que o que pensamos sobre o amor romântico afete a maneira como pensamos o amor de Deus. Se tivermos certeza de que o amor não dura para sempre, duvidaremos da constância do amor de Deus. Se pensarmos que o amor romântico é o pináculo da existência humana, não entenderemos a importância do amor de Deus. Mas o amor fiel de Deus muda tudo.

Esse belo sentimento é um tema recorrente nas epístolas do apóstolo João. Em 1 João 4, ele escreveu sobre como o amor de Deus nos transforma:

> E nós conhecemos, e cremos no amor que Deus nos tem. Deus é amor; e quem está em amor está em Deus, e Deus nele.

> Nisto é perfeito o amor para conosco, para que no dia do juízo tenhamos confiança; porque, qual ele é, somos nós também neste mundo.
>
> No amor não há temor, antes o perfeito amor lança fora o temor; porque o temor tem consigo a pena, e o que teme não é perfeito em amor.
>
> (Versículos 16-18)

Deus *é* amor, e quanto mais o conhecemos e confiamos nele, mais começamos a compreender sua natureza. E, à medida que entendemos seu amor mais plenamente, perdemos o medo. Como sabemos que Deus é fiel, não tememos que ele nos deixe. Como sabemos que Deus perdoa, não tememos que ele use nossos pecados contra nós. Como sabemos que Deus é bom, não tememos que ele nos machuque. "O amor perfeito lança fora o temor" e podemos estar seguros em seu amor.

Em 1 Coríntios 13, Paulo descreveu o amor divino:

> O amor é sofredor, é benigno; o amor não é invejoso; o amor não trata com leviandade, não se ensoberbece.
>
> Não se porta com indecência, não busca os seus interesses, não se irrita, não suspeita mal;
>
> Não folga com a injustiça, mas folga com a verdade;
>
> Tudo sofre, tudo crê, tudo espera, tudo suporta.
>
> O amor nunca falha; mas havendo profecias, serão aniquiladas; havendo línguas, cessarão; havendo ciência, desaparecerá.
>
> (Versículos 4-8)

Até mesmo as pessoas mais bondosas falharão ao expressar esse tipo de amor, mas Deus nunca falhará. Em última análise, o amor humano trata de conseguir o que queremos e necessitamos. Mas Deus não precisa de nada de nós. Ele nos ama sem nenhuma expectativa de ganhar algo com isso; ele não busca nada. Seu amor é altruísta e perfeito. Isso reflete quem ele é.

Aquele que nos redimiu — que nos chama à liberdade — nos ama perfeitamente. Se estiver resistindo ao amor de Deus por causa do medo ou da desconfiança que desenvolveu em virtude de relacionamentos humanos fracassados, lembre-se de que não há risco em aceitar o amor dele, que é perfeito e nunca falha.

Releia 1 João 4,16-18 e pense no que significa o amor perfeito lançar fora o medo. De que forma você tem medo de Deus ou duvida de sua fidelidade? Confesse isso a ele e peça-lhe para ajudá-lo a compreender a perfeição do amor dele por você.

DIA 24

❧

Deus e suas dádivas

— O QUE HOUVE? — *ele perguntou, passando o nariz em seu pescoço.* — *Alguma coisa está atormentando você a noite toda. Miriam ou Ruth disseram algo que a aborreceu?*
— *Não foi de propósito.* — *É que estou tão feliz* — *disse, com a voz trêmula* — *que não consigo superar a sensação de que não mereço isso.*
— *E acha que eu mereço?* — *e puxou sua trança.* — *Você não entende? Nenhum de nós merece isso. Não tem nada a ver com o nosso merecimento. Toda bênção vem do Pai, não é pagamento por algum bem que fizemos, é uma dádiva.*

◦~◦

Nossa cultura é obcecada por obter o que merecemos. Exigimos nossos direitos e lutamos pelo que achamos que é nosso. No entanto, às vezes, depois de conseguirmos o que exigimos, uma voz baixinha em nossa mente diz: *Você não merece isso. Não vai durar.* Talvez lutemos tanto porque sempre receamos que o que temos seja levado embora.

Angel achava que não tinha direito a ser feliz. Depois de passar anos em circunstâncias horríveis, ela internalizou a ideia de que havia recebido exatamente o que merecia. Se a vida havia sido difícil, devia ser porque ela não merecia nada melhor. Quando ela por fim se viu resgatada de sua antiga vida e feliz na nova, não sabia bem o que pensar. Achava que certamente era tudo um engano; que não merecia nada de bom, e por isso a felicidade seria arrancada dela muito em breve.

Mas, como Michael tentou explicar, as coisas maravilhosas que experimentamos na vida não são merecidas. Não são prêmios que ganhamos porque somos justos ou recompensas distribuídas pouco a pouco para que continuemos fazendo o que é certo. São dádivas gratuitas de nosso bom Deus.

Tiago 1,17 reitera isso: "Toda a boa dádiva e todo o dom perfeito vem do alto, descendo do Pai das luzes, em quem não há mudança nem sombra de variação".

Nossa saúde, nossa família, a beleza da natureza, a Bíblia. A música, a arte, nosso corpo. Tudo isso são dádivas de Deus, dadas gratuitamente àqueles que ele ama.

Quando vemos o mundo ao redor, vemos abundância em todos os lugares. Deus não criou um mundo utilitário que dá aos seres humanos só o suficiente para sobreviver. Ele criou um mundo com uma variedade surpreendente de plantas e animais — aparentemente, não para um propósito prático, mas principalmente para seu e nosso prazer. Ele criou cores, sol e beleza. Ele nos deu a capacidade de trabalhar, imaginar e criar. De amar e sermos amados, de desfrutar a dádiva do relacionamento com os outros e especialmente com ele.

Quando pensamos em redenção, talvez imaginemos Deus nos afastando das coisas ruins que nos mantinham cativos. Mas acaso pensamos *para onde* ele está nos conduzindo? A redenção não é só a ausência de escravidão e pecado. Deus nos leva à liberdade. À alegria e à beleza. Ao amor, humano e divino.

No Salmo 103, Davi reuniu uma lista de muitas bênçãos de Deus:

> Bendize, ó minha alma, ao SENHOR, e tudo o que há em mim bendiga o seu santo nome.
> Bendize, ó minha alma, ao Senhor, e não te esqueças de nenhum de seus benefícios.
> Ele é o que perdoa todas as tuas iniquidades, que sara todas as tuas enfermidades,
> Que redime a tua vida da perdição; que te coroa de benignidade e de misericórdia,
> Que farta a tua boca de bens, de sorte que a tua mocidade se renova como a da águia.
> (Versículos 1-5)

Deus nos oferece perdão. Cura física e emocional. Redenção. Amor e compaixão. Ele satisfaz nossos desejos e renova nossa juventude. Ele nos abençoa com boas dádivas, não porque precisa fazer isso ou porque as conquistamos com nossas boas obras, mas porque somos seus filhos e ele nos ama.

Se não somos capazes de ganhar as dádivas de Deus com nossas ações, também não as perdemos por causa delas. Deus não está alerta, pronto para tirar nossas bênçãos quando saímos da linha. Ele é um pai amoroso que oferta boas dádivas. Em Mateus 7,9-11, Jesus destacou esta verdade:

> E qual dentre vós é o homem que, pedindo-lhe pão
> o seu filho, lhe dará uma pedra?
> E, pedindo-lhe peixe, lhe dará uma serpente?
> Se vós, pois, sendo maus, sabeis dar boas coisas aos
> vossos filhos, quanto mais vosso Pai, que está nos
> céus, dará bens aos que lhe pedirem?

Se você fica o tempo todo se preparando para enfrentar problemas e esperando que as coisas caras a seu coração lhe sejam tiradas, lembre-se de que seu pai celestial dá boas dádivas por causa de quem ele é, não por causa de quem nós somos. Não temos que temer que sua generosidade chegue ao fim. Aquele que nos redimiu é fiel.

Passe um tempo observando o mundo ao seu redor. Quais dádivas Deus lhe deu? O que elas podem lhe dizer sobre o caráter de nosso Pai?

DIA 25

❧

Abrindo mão de ídolos

MICHAEL A AMAVA NO PRESENTE, *e era só isso que importava para ela. Ele dava sentido à sua vida e a preenchia com coisas novas e maravilhosas. A vida deles era de trabalho pesado de sol a sol, mas Michael conseguia torná-la estimulante. Ele lhe abria a mente para coisas que não tinha notado antes. E uma pequena voz ecoava o tempo todo dentro de si:* **Levante-se, minha amada.**

Levante-se de onde?

Nunca ficava satisfeita nem se cansava da companhia dele, queria sempre mais e mais. Ele lhe preenchia a mente e o coração. Era sua vida. Acordava-a com beijos antes do nascer do sol e ficavam os dois deitados no escuro, ouvindo a sinfonia de grilos e sapos, os sinos de vento. O corpo dela tremia ao toque de Michael e cantava quando ele a possuía. Todos os momentos e todos os dias com ele eram preciosos.

Ele via Deus em tudo. No vento, na chuva e na terra. Nas plantações que cresciam. Via Deus na natureza dos animais que habitavam suas terras. E nas chamas do fogo que se acendiam à noite.

Angel só via Michael e o venerava.

❦

O que é mais importante para nós? O que valorizamos acima de tudo?

Para Angel, era Michael. Assim que ela parou de resistir e se permitiu amá-lo, apaixonou-se. Michael a resgatou da degradação e mostrou-lhe uma vida nova, cheia de possibilidades. Casada com ele, Angel começou a entender o que realmente era o amor altruísta. Ela se deleitava com o calor e a alegria que surgem quando duas pessoas confiam uma na outra, e descobriu a satisfação que resulta do trabalho duro. Quanto mais ela se abria para Michael e para essa nova vida, mais ela amava aquele que tornara isso possível. Michael se tornou o centro de sua vida e sua razão de viver.

E ela começou a fazer dele um ídolo.

Quando ouvimos a palavra *ídolo*, talvez pensemos no bezerro de ouro ou em outra estátua pagã adorada nos tempos antigos. Pode parecer estranho, pois não é o tipo de coisa que se aplica a nós atualmente. Mas a verdade é que tudo que amamos mais que a Deus, ou consideramos mais importante que ele, pode se tornar um ídolo.

Qual é seu ídolo? Como Angel, talvez você faça de um relacionamento seu ídolo. Seja um cônjuge, pai ou filho, você não consegue imaginar a vida sem essa pessoa. Ou talvez seu ídolo seja o dinheiro — sua presença ou sua falta.

Talvez a segurança de uma aposentadoria seja a coisa mais importante em sua vida, ou talvez o desejo por obter mais dinheiro tenha se tornado a força que o move e que determina suas escolhas. Status ou reputação podem se tornar ídolos também, se ocuparem o primeiro lugar em nosso coração.

Como percebemos que transformamos algo em um ídolo? Imagine a vida sem isso, ou tente ficar sem isso por um ou dois dias, e veja que tipo de ansiedade ou emoção você sente. Devemos pensar com cuidado: há algo com cuja falta não poderei viver?

A verdade é que, embora as coisas a que nos apegamos e que situamos no centro de nossa vida sejam profundamente importantes, muitas vezes elas não são cruciais. Na realidade, a única coisa sem a qual não podemos viver é Deus.

Não se engane: perder alguém que amamos é uma tragédia inegável e provoca uma dor incomparável. O mesmo ocorre com muitas outras situações que suportamos ou vemos entes queridos enfrentarem. No entanto, com Deus ao nosso lado, nossa vida continua — de forma diferente, dolorosa, imperfeita, mas com esperança na vida eterna e nos planos de Deus. Se o mercado de ações quebrasse e nosso fundo de aposentadoria desaparecesse, nossos planos de vida mudariam drasticamente e poderíamos sofrer mental e fisicamente, mas Deus estaria conosco, e poderíamos vislumbrar uma saída. Se perdêssemos o emprego ou nossa reputação fosse destruída, seria imensamente doloroso, mas Deus ainda estaria conosco e sua opinião a nosso respeito permaneceria inalterada.

Mas e se não tivéssemos Deus? E se ele não estivesse aqui para nos ajudar e nos guiar? Não duraríamos nem um minuto. Ele sustenta toda a criação com sua mão poderosa. Ele é o Altíssimo, o único que é digno de nossa adoração.

O início dos Dez Mandamentos, conforme registrado em Êxodo 20, aborda a questão da idolatria:

> Eu sou o Senhor teu Deus, que te tirei da terra do Egito, da casa da servidão.
> Não terás outros deuses diante de mim.
> Não farás para ti imagem de escultura, nem alguma semelhança do que há em cima nos céus, nem em baixo na terra, nem nas águas debaixo da terra.
>
> (Versículos 2-4)

Um dos motivos pelos quais devemos evitar os ídolos é porque, quando os adoramos, desviamos nosso olhar daquele que merece adoração. Esquecemos quem Deus realmente é e colocamos nossas esperanças e nossa segurança em algo que é muito menor — algo que não pode nos ajudar em nada. E isso é profundamente nocivo, pois não apenas nos afasta de um relacionamento com o único Deus verdadeiro, mas também nos leva a uma atitude cínica. Quando colocamos nossa esperança em algo falível e a coisa realmente falha, desistimos. Angel confundiu seu salvador com seu redentor. Michael a resgatou do Pair-a-Dice e a levou em segurança para uma nova vida, mas não era ele quem poderia redimi-la e genuinamente renová-la. Michael poderia conduzi-la para Deus, mas ele não era Deus. Por mais maravilhoso que Michael fosse, ele poderia um dia desapontá-la — mas Deus nunca faria isso.

Não somos chamados a evitar a idolatria porque Deus deseja toda a atenção. É porque ele quer o melhor para nós. Ele não quer que experimentemos a dor que decorre de colocar a coisa errada no centro de nossa vida ou de nos apoiarmos em algo que não é forte o suficiente para nos sustentar. Ele quer que o conheçamos mais plenamente e entendamos quem ele é: o único Deus verdadeiro que é fiel por toda a eternidade.

Quando o vemos como ele é, perceberemos que ele se basta. Apocalipse 5,12 nos diz: "Digno é o Cordeiro, que foi morto, de receber o poder, e riquezas, e sabedoria, e força, e honra, e glória, e ações de graças". Nada mais merece nossa adoração.

Se perceber que se apega mais fortemente a qualquer outra coisa que não Deus, lembre-se de que só ele é digno de estar no centro de nossa vida. Quando o mantemos lá, tudo mais assume seu devido lugar.

> *Pense no que é mais importante para você. Acha que isso pode estar se tornando um ídolo em sua vida? Passe um tempo refletindo sobre Deus e sobre quem ele é. Ore para que ele o ajude a colocá-lo no centro de sua vida.*

DIA 26

❧

Satisfazendo nossos anseios

Angel ficou bastante tempo ao *lado da cama. Elizabeth estava encolhida, de lado, com os joelhos dobrados e a mão protegendo o filho que não tinha nascido. Um abraço. Angel olhou para a própria barriga reta e espalmou as mãos nela. Os olhos arderam e ela mordeu o lábio. Deixou as mãos caírem ao lado do corpo, se afastou e viu Miriam parada na porta.*

A garota deu um sorriso triste.

— Sempre imaginei como seria. É a razão de viver de uma mulher, não é? Nosso privilégio divino: trazer uma nova vida ao mundo e alimentá-la — e sorriu para Angel. — Tem dias em que mal posso esperar.

Angel viu as lágrimas que Miriam tentava esconder. Afinal, de que servia o privilégio divino para uma menina virgem?

Ou para uma mulher estéril.

༺˚༻

Você tem um anseio e teme que ele nunca se realizará? Angel havia aprendido a amar a família Altman, mas ver suas interações afetuosas desencadeou nela um profundo desejo pela família que nunca tivera. Então, ver Elizabeth passar pelos estágios da gravidez evocava anseios ainda mais profundos por ter filhos, e Angel era incapaz de suportá-los. Em virtude das atitudes de Duke, ela e Michael perderiam essa grande parte da vida, essa bênção de Deus que era vista como o ápice da existência de uma mulher durante esse período. Não parecia justo.

Às vezes, nossos desejos podem ser tão fortes que são quase físicos. Podemos até pensar que não há como continuar vivendo se não alcançarmos o que desejamos. Que anseio é esse para você? Talvez você esteja enfrentando a dor da infertilidade e queira desesperadamente um filho. Talvez seja sozinho e anseie bons amigos. Talvez seja solteiro e queira muito se casar, mas parece que isso não vai acontecer, e é como se a vida estivesse passando por você. Ou talvez você esteja ansiando um emprego novo, uma reviravolta com um filho ou cônjuge rebelde, ou uma melhora em sua situação financeira. Tudo que desejamos pode consumir nossos pensamentos. Desenvolvemos uma visão limitada das coisas e somos incapazes de ver além daquilo pelo que tanto ansiamos.

Esse é um lugar difícil de se estar. Nossas esperanças aumentam, só para se verem frustradas repetidamente. É como se não houvesse escapatória, e nos perguntamos por que Deus não atende a nossas súplicas. Um único pensamento ecoa em nossa mente: *Não quero que minha vida seja assim!*

DIA 26: SATISFAZENDO NOSSOS ANSEIOS

Queremos a vida que imaginamos, não aquela que vemos se desenrolar diante de nós. Talvez nos tornemos amargos e revoltados.

Se você está nessa situação, sinta-se encorajado com a verdade de que Deus conhece seus anseios. Ele "ouve seus suspiros e conta suas lágrimas", como diz um antigo hino.*
No Salmo 38,8-9, o salmista escreveu: "Estou fraco e mui quebrantado; tenho rugido pela inquietação do meu coração. Senhor, diante de ti está todo o meu desejo, e o meu gemido não te é oculto". Ele sabe e se importa. Quando ansiamos por uma realidade que não vem, acabamos tendo que aceitar que o que queremos não é o que Deus está nos dando, pelo menos por enquanto. Às vezes, o anseio permanece, e vivemos em uma espécie de limbo, sem saber qual será o resultado final. Tentamos confiar na bondade de Deus enquanto esperamos por sua resposta. Porém, em meio a essa tensão, Deus nos ajuda, alinhando nossos desejos aos dele.

O Salmo 37,4-7 diz:

> Deleita-te também no Senhor, e te concederá os desejos do teu coração.
> Entrega o teu caminho ao Senhor; confia nele, e ele o fará.
> E ele fará sobressair a tua justiça como a luz, e o teu juízo como o meio-dia.
> Descansa no Senhor, e espera nele; não te indignes por causa daquele que prospera em seu caminho, por causa do homem que executa astutos intentos.

---

* Paul Gerhardt, "Give to the Winds Your Fears", 1656, domínio público.

Algumas pessoas usaram essa passagem como uma garantia divina — que, se amarmos o Senhor o suficiente, ele nos dará tudo que queremos. Mas não acho que seja isso que Davi diz. Acho que a chave está na primeira linha: "Deleita-te no Senhor". Somos chamados a buscá-lo e conhecê-lo. Quando o próprio Deus é nosso maior deleite, sua presença é o que mais desejamos. Ele se torna nosso anseio mais profundo. Isso não significa que não nos importemos mais com nossos outros anseios, mas sim que os vemos através de uma lente diferente.

No início do Salmo 42, Davi falou sobre seu anseio por Deus por meio de uma metáfora perspicaz:

> Assim como o cervo brama pelas correntes das águas, assim suspira a minha alma por ti, ó Deus!
> A minha alma tem sede de Deus, do Deus vivo; quando entrarei e me apresentarei ante a face de Deus?
>
> (Versículos 1-2)

Quando temos sede de Deus, sabemos que ela pode ser saciada. Deus não se esconde de nós. As Escrituras nos dizem que, quando o buscamos, nós o encontramos. Ficamos satisfeitos. E, quando nos aproximamos dele, confiamos mais nele. Sabemos que ele está conosco, que nos ajudará a suportar nossos anseios e que não nos deixará fugir de seu plano perfeito. O Salmo 103,5 nos diz que ele "farta a tua boca de bens".

Se você está preocupado porque a vida está passando e seus dias não estão se desenrolando da maneira que deseja, anime-se. Embora o casamento, a família e as circunstâncias tranquilas da vida sejam maravilhosos, não são nossa razão de ser. Nosso propósito é conhecer Cristo e viver em sua redenção. Ele deve ser nosso maior anseio. E ele nos satisfará com coisas boas.

Releia o Salmo 37,4-7 e medite sobre o que significa deleitar-se no Senhor.

DIA 27

❧

Amor sacrificial

As roseiras que Michael trouxera *para Angel floresceram mais cedo. Ela tocou os brotos vermelhos e se lembrou da mãe. Era tão parecida com Mae... Era habilidosa plantando flores, se enfeitando e dando prazer para um homem. Fora isso, servia para quê?*

Michael deveria ter filhos. Ele os **deseja**.

Na noite de Natal ela descobriu o que tinha de fazer, só que era insuportável pensar em deixá-lo, em viver sem ele. Queria ficar e esquecer o olhar dele quando segurou Benjamin. Queria se agarrar a ele e aproveitar a felicidade que ele lhe proporcionava.

Foi exatamente esse egoísmo que fez Angel entender que não merecia Michael.

Michael tinha lhe dado tudo. Ela estava vazia e ele a encheu com seu amor, até transbordar. Ela o traiu, ele a aceitou de volta e a perdoou. Ele sacrificou seu orgulho para amá-la. Como podia descartar os desejos dele depois disso? Como podia suportar a vida sabendo que tinha ignorado os desejos do coração dele? O que seria de Michael? O que era melhor para ele?

༄

A que estamos dispostos a renunciar por outra pessoa? Ver Michael segurando o bebê Benjamin Michael, seu homônimo, tornou-se um momento decisivo para Angel. Ela não podia mais ignorar o que já sentia havia algum tempo — que estava impedindo Michael de viver a vida que ele deveria ter. Michael queria filhos, e ela podia ver que pai atencioso ele seria. Mas sua esterilidade o estava impedindo de realizar esse sonho. Angel também o conhecia bem o suficiente para ter certeza de que ele nunca a deixaria só porque ela não poderia lhe dar filhos.

No passado, todas as vezes que Angel fugira, fora por si mesma. Ela fugira porque queria seu ouro e sua independência, porque não conseguia se adaptar a uma nova vida ou porque simplesmente tinha medo do amor. Mas dessa vez era diferente. Ela estava fugindo por Michael. Ele a resgatara, lhe mostrara um novo estilo de vida e a amara quando menos podia ser amada. Seu amor a transformara e lhe abrira um mundo novo. Mas o que ela lhe dera? Quando ela pensou nas necessidades dele, chegou a uma conclusão: precisava ir embora. Se fosse, ele poderia se casar com Miriam e ter a família que Deus havia planejado para ele — Angel tinha certeza disso.

Nossa cultura costuma pensar no amor romântico como uma mercadoria que nos dá coisas — sentimentos positivos, sensação de segurança, satisfação física. Não é incomum que as pessoas saiam de relacionamentos que não garantam mais o que elas acham que necessitam. Mas, quando amamos à semelhança de Deus, pensamos menos no que podemos obter e mais no que podemos oferecer.

Em Filipenses 2, o apóstolo Paulo desafiou a Igreja a ter a atitude altruísta de Cristo:

> Nada façais por contenda ou por vanglória, mas por humildade; cada um considere os outros superiores a si mesmo.
> Não atente cada um para o que é propriamente seu, mas cada qual também para o que é dos outros.
> De sorte que haja em vós o mesmo sentimento que houve também em Cristo Jesus,
> Que, sendo em forma de Deus, não teve por usurpação ser igual a Deus,
> Mas esvaziou-se a si mesmo, tomando a forma de servo, fazendo-se semelhante aos homens;
> E, achado na forma de homem, humilhou-se a si mesmo, sendo obediente até à morte, e morte de cruz.
>
> (Versículos 3-8)

É impossível dar mais do que Jesus deu. Ele "desistiu de seus privilégios divinos" ao vir à Terra como um ser humano (versículo 7). Ao longo dos séculos, teólogos tiveram ideias diferentes sobre o que exatamente isso significa, mas o ponto principal é que, por nós, ele abriu mão do que tinha, deixou a perfeição do paraíso e entrou em nossa existência confusa e muitas vezes feia, aqui na Terra. Então, deu a própria vida por nós, carregando o peso de todos os nossos pecados e permitindo-se ser apartado do pai, sem receber nada em troca. Sua abnegação nos proporcionou uma maneira de nos reconciliarmos com Deus.

Esta é a atitude que Paulo diz que devemos ter: preocuparmo-nos não apenas conosco, mas também — ou talvez mais — com os outros. Abrir mão do orgulho, da reputação e do ganho e aproveitar a oportunidade para compartilhar generosamente. Doar tão completamente que nada fica de fora.

Olhar para o próprio umbigo faz parte de nossa natureza humana. E, naturalmente, influencia todas as decisões que tomamos. Estamos preparados para pensar em nós mesmos em primeiro lugar, por isso é necessária uma escolha deliberada para virar tudo de cabeça para baixo e colocar nossas necessidades em segundo plano. Somos chamados a pensar, acima de tudo, no bem-estar dos outros, a considerar o que é melhor para eles e buscar isso, mesmo que não seja o melhor para nós.

O amor de Angel por Michael a compeliu a agir. O amor que ela recebeu dele a fez mudar. A abnegação dele ao cuidar dela, com grande custo para si mesmo, permitiu que Angel experimentasse o amor incondicional e focado no outro. Lentamente, ela começou a amá-lo dessa forma também. Assim que soube que era amada plena e completamente, independentemente de quem era ou de como agia, ela relaxou o controle sobre aquilo que achava que deveria receber e pensou nas pessoas que a cercavam.

DIA 27: AMOR SACRIFICIAL

Essa não é uma atitude que nasce em cada um. É o amor de Cristo que efetua essa transformação em nós. Quanto mais entendemos quão profunda e abnegadamente ele nos ama, mais somos capazes de esquecer de nós mesmos, porque já temos quem nos proteja. Somos capazes de amar os outros com mais altruísmo. Paulo escreveu em 2 Coríntios 5,14 que "o amor de Cristo nos constrange". O amor de Deus é o combustível para o nosso amor.

Se você está preso em relacionamentos, lutando para agir de forma altruísta em relação aos outros, a solução não é só desejar mais altruísmo. Concentre-se em Jesus. Reflita sobre seu amor e suas escolhas e lembre-se de que você já foi cuidado e redimido. Deixe o amor dele transformar o seu.

Reflita sobre uma ocasião em que alguém o amou com total zelo e dedicação. Como isso mudou você? Como você pode estender o amor incondicional a alguém esta semana?

DIA 28

❦

Quando a barganha não funciona

Michael fechou os olhos para *o medo que crescia dentro de si.* Eu a amo, Senhor. Não posso desistir dela.

Michael, meu amado. Quer que ela fique eternamente pendurada na cruz?

Michael deu um suspiro trêmulo. Quando Angel levantou o rosto, ele viu algo na expressão dela que deu vontade de chorar. Ela o amava. Ela o amava de verdade. No entanto, havia mais alguma coisa naquele rosto iluminado pelo luar. Uma tristeza enorme que ele não conseguia afastar, um vazio que ele nunca poderia preencher. Lembrou-se de suas palavras angustiadas na noite em que Benjamin nascera. "Eu queria ser completa!" Ele não podia lhe dar isso.

Ele a segurou no colo e a embalou nos braços. Ela abraçou o pescoço dele e lhe deu um beijo. Michael fechou os olhos. Senhor, se desistir dela e entregá-la agora, vai devolvê-la para mim?

Não ouviu nenhuma resposta.

Meu Deus, por favor!

O vento soprou suavemente, mas a única coisa que ele ouviu foi o silêncio.

⁂

Quem já não tentou barganhar com Deus? *Se eu fizer isso por você, você vai me dar o que eu quero?*

Michael sabia que Angel estava se preparando para partir e achava que não aguentaria enfrentar isso novamente. Quando ele sentia que Deus lhe dizia para deixá-la ir, só queria segurá-la com mais força. Por que Deus lhe pediria que abrisse mão de alguém a quem amava tanto?

É como se Michael segurasse a mão de Angel e esperasse para soltá-la quando Deus lhe prometesse que ela voltaria. Ele queria certeza, mas Deus lhe pedia para agir sem isso, que deixasse Angel ir sem saber qual seria o resultado. Nós bem que gostaríamos de poder barganhar com Deus e garantir determinado resultado. Quem não gostaria de viver com a certeza de que o câncer seria curado, o acidente seria evitado, o erro seria apagado, contanto que cumpríssemos nossa parte no negócio e fizéssemos o que havíamos prometido?

Mas será que é isso o que desejamos de verdade? As circunstâncias deveriam realmente depender do que fazemos? Queremos um Deus que possa ser manipulado para dar a todos nós certo resultado se nos comprometermos a fazer algo grande o suficiente para persuadi-lo?

Essa maneira de pensar remonta há milênios e geralmente leva a um caminho terrível. Se você oferece algo a Deus e ele parece não responder, o próximo passo lógico não seria oferecer mais? As culturas antigas que incorporaram o sacrifício humano em suas religiões foram, sem dúvida, motivadas por essa mentalidade, pensando que poderiam ganhar o favor de seus deuses oferecendo-lhes algo tão precioso quanto a vida de uma pessoa.

Isso não está longe do que muitas pessoas fazem hoje — prometer constantemente a Deus atos de serviço ou generosidade em troca de resultados favoráveis. Alguns de nós preferem viver assim porque nos dá a ilusão de estarmos no controle. Mas imagine carregar esse fardo ano após ano, sempre pesando quanto vale determinado resultado e do que você está disposto a abrir mão por isso. Que coisa mais exaustiva! E viver com essa visão de mundo coloca sobre nós o fardo de determinar o que queremos, o que necessitamos e o que é melhor para cada um.

Isso está muito além do que podemos bancar. Não somos sábios o suficiente para levar em conta todos os desdobramentos de nossas decisões. Será que não queremos mesmo um Deus que sabe o que é melhor para nós e o faz, mesmo quando não gostamos? E, além disso, não precisamos de um Deus que seja sábio o suficiente para fazer o que é melhor para o mundo inteiro? Esse é exatamente o Deus que temos! Provérbios 2,6 nos lembra da sabedoria divina: "Porque o Senhor dá a sabedoria; da sua boca é que vem o conhecimento e o entendimento". O apóstolo Paulo nos disse que "em quem [Cristo] estão escondidos todos os tesouros da sabedoria e da ciência" (Colossenses 2,3). E ele nos falou sobre o objetivo final de Deus para nosso benefício: "Porque isto é bom e agradável diante de Deus nosso Salvador, Que quer que todos os homens se salvem, e venham ao conhecimento da verdade" (1 Timóteo 2,3-4). Ele quer que recebamos sua salvação e o conheçamos, o que é o melhor resultado que poderíamos imaginar.

Mas acreditar que Deus é assim — especialmente em momentos em que temos de abrir mão de algo que amamos, ou quando não temos certeza de que o resultado que desejamos acontecerá — requer confiar na sabedoria dele, bem como em sua bondade. Exige que pensemos no longo prazo, e não no imediatismo. Em Mateus 16,24-25, Jesus disse a seus discípulos: "Então disse Jesus aos seus discípulos: Se alguém quiser vir após mim, renuncie-se a si mesmo, tome sobre si a sua cruz, e siga-me; Porque aquele que quiser salvar a sua vida, perdê-la-á, e quem perder a sua vida por amor de mim, achá-la-á". Gastamos muito tempo e esforço tentando salvar nossa vida — evitando dor ou dificuldade, fazendo as coisas acontecerem do jeito que queremos. Como seria deixar isso para lá? Rendermo-nos a Deus e permitir que ele faça as escolhas, confiando que ele é bom? Como seria negar a nós mesmos e perder nossa vida para ele?

Render-se a Deus não significa receber bem todos os resultados de curto prazo, mas acho que, um dia, perceberemos que eles valeram a pena. Vemos isso em todas as Escrituras — na vida de José, Moisés e Ester, para citar apenas alguns, que passaram por circunstâncias pessoais desafiadoras, mas acabaram desempenhando papéis importantes no plano de Deus para salvar seu povo. Quando confiamos que Deus sabe o que está fazendo, encontramos liberdade em nos render a ele e saber que fazemos parte de seu plano maior.

Se decidir barganhar com Deus, lembre-se de como ele é. Nosso redentor é bom e sábio. Confie nele, espere pacientemente e observe o que ele fará.

> *Que circunstâncias o estimulam a tentar barganhar com Deus? Como pode ser assustador e libertador abandonar-se e render-se a seu plano divino?*

RECONCILIAÇÃO

Rick e eu nos conhecemos desde o quinto ano. Saímos uma vez no primeiro ano do ensino médio e depois namoramos outras pessoas, mas continuamos bons amigos. Quando eu estava no último ano da faculdade e Rick servia como fuzileiro naval no Vietnã, nós voltamos a manter contato por meio de cartas. Quando ele voltou para casa, dei uma olhada nele e pensei: *Uau, sem dúvida ele cresceu.* Ele pensou o mesmo sobre mim. Nós nos apaixonamos rápida e intensamente e nos casamos um ano depois que ele voltou.

Você pode pensar que duas pessoas que foram amigas por tanto tempo se conheciam bem. Mas a amizade de infância e um namoro ardente são muito diferentes do casamento. A realidade da vida juntos logo veio à tona. Nós dois levamos bagagem para o relacionamento. Passamos por altos e baixos. Aos dezesseis anos de casados tínhamos três filhos, éramos veteranos da guerra doméstica, estávamos ambos cansados da batalha, pensando no divórcio como uma trégua.

Onde encontrar um bom mediador? Alguém que ame os dois e queira ajudá-los a juntar os pedaços da vida juntos? Ambos havíamos deixado de acreditar no "felizes para sempre".

O resgate é feito *para* alguém. A redenção também vem por meio da ação de outra pessoa — alguém disposto a pagar o preço dos nossos problemas para que possamos começar do zero. Jesus nos resgatou do cativeiro de nossos pecados. Ele nos redimiu diante de seu Pai por meio de sua morte e ressurreição. Mas a reconciliação é diferente. Implica cooperação de todas as partes envolvidas. A reconciliação põe fim ao afastamento e reconstrói um relacionamento. Jesus agiu como mediador e abriu o caminho para nossa reconciliação com Deus Pai, e ele pode fazer a mesma coisa nas relações humanas.

Rick e eu sabíamos que Deus precisava estar no centro de nosso casamento, ou não chegaríamos a nosso décimo sétimo aniversário. Como? Quando? Não tínhamos tempo um para o outro. Morávamos em uma casinha alugada com três crianças ativas em idade escolar. Rick tinha um negócio próprio e precisava estar no escritório às sete da manhã. Ele trabalhava seis dias e meio por semana. Quando podíamos passar um tempo juntos? Na cama. Sexo pode ser uma "solução" momentânea, mas não resolve problemas sérios de relacionamento.

Como você coloca Deus no meio de um casamento em ruínas, especialmente quando vocês são novos na fé e ainda têm dúvidas? Rick disse que precisávamos de tempo para conversar, e o único momento em que podíamos ficar a sós para fazer isso sem interrupções era de madrugada, antes de ele ir para o trabalho. Isso significava que eu tinha de acordar muito mais cedo que o usual. Mas decidi que valia a pena tentar. Rick se levantava ainda mais cedo e fazia o café. Nós nos sentávamos e líamos a Bíblia, conversávamos e orávamos juntos. Aquelas horas da manhã fortaleceram nossa fé, reconstruíram nossa vida individual e abençoaram nosso casamento.

Duas pessoas podem se reconciliar quando entram em um triângulo amoroso: com Deus na ponta superior do triângulo e os dois indivíduos nas duas inferiores. À medida que cada um se aproxima de Deus, naturalmente um se aproxima do outro.

Até hoje ainda acordamos antes do amanhecer e temos nosso tempo juntos. Recentemente, comemoramos nosso quinquagésimo aniversário de casamento. A verdadeira reconciliação é mostrada em vidas e relacionamentos transformados.

DIA 29

Construindo a fé por meio da oração

O GRANDE MOVIMENTO A DEIXAVA cada vez mais nervosa. Para onde estava indo toda aquela gente? O que aquelas pessoas faziam para viver? Sua cabeça latejava. Talvez por causa da fome. Ou então por causa da preocupação de não saber o que faria quando o ouro acabasse. Ou ainda por saber que era fraca e que provavelmente voltaria a ser uma prostituta para poder manter corpo e alma juntos.

O que eu vou fazer? Meu Deus, eu não sei!

Entre naquele café e descanse um pouco.

Angel procurou e viu um pequeno café mais adiante. Suspirou e foi até lá.

— O senhor está precisando de um novo cozinheiro — ela disse com um sorriso seco, largando a caneca e empurrando o prato.

— Está querendo o emprego? Está contratada!

Você já vivenciou o direcionamento de Deus de uma forma concreta?

Recém-chegada a San Francisco com ouro que duraria apenas mais dois ou três dias, Angel não sabia para onde ir. Por causa de seu amor por Michael, ela decidira não voltar à prostituição, mas de que outra forma poderia ganhar dinheiro? Preocupada e insegura, ela orou pedindo ajuda e então ouviu a voz de Deus. Poucos minutos depois de entrar no café para onde Deus a guiara, ela havia arrumado um emprego, um lugar seguro para ficar e um chefe que amava Jesus e a trataria bem. Era mais do que ela esperava, e tudo lhe caiu do céu como um presente.

Deus ouviu a prece dela.

Nem sempre recebemos respostas como essa, claro. Deus trabalha de todas as maneiras, e às vezes suas respostas não são tão óbvias assim. Mas a resposta de Deus, nesse caso, deu a Angel mais do que comida e moradia, por mais necessárias que essas coisas fossem. Sua provisão também mostrou a ela que ele a ouvia, que falava com ela e que se importava.

Não é isso que fazem as respostas às orações? Tenho vários amigos que receberam um dinheiro inesperado quando estavam em apuros financeiros. Esse dinheiro não só cobriu suas dívidas, mas também aumentou a crença de meus amigos de que Deus também os proveria. Quando a crise financeira seguinte chegou, eles confiaram em Deus com mais facilidade; já o tinham visto operar e sabiam que ele era capaz de provê-los novamente.

Acho que essa é uma das razões pelas quais as Escrituras nos instruem a orar por coisas grandes e pequenas. O Salmo 55,22 diz: "Lança o teu cuidado sobre o Senhor, e ele te susterá; não permitirá jamais que o justo seja abalado". Orar — entregar nosso fardo a Deus — e então vê-lo agir é uma das maneiras pelas quais nossa fé aumenta.

Ao longo das Escrituras, os israelitas foram instruídos a lembrar sua história e como Deus agira em seu favor. Isso aparece com frequência em Deuteronômio, quando o povo deixou a vida de escravidão no Egito e começou uma nova vida de liberdade na Terra Prometida. Moisés instruiu o povo: "Porque te lembrarás que foste servo na terra do Egito, e que o Senhor teu Deus te tirou dali com mão forte e braço estendido" (Deuteronômio 5,15). Moisés esperava que, mais tarde, quando o povo fosse tentado a adorar ídolos cananeus, todos se lembrassem do que Deus havia feito, o que os faria recordar de quem eram: o povo de Deus, redimido e liberto.

Os israelitas costumavam erguer altares de pedra em locais onde Deus agia poderosamente. Em Josué 3, Deus fez as águas do rio Jordão recuarem para o povo atravessar em segurança. Quando todos estavam na outra margem, Josué orientou os líderes das doze tribos:

> E disse-lhes Josué: Passai adiante da arca do Senhor vosso Deus, ao meio do Jordão; e cada um levante uma pedra sobre o ombro, segundo o número das tribos dos filhos de Israel;
> Para que isto seja por sinal entre vós; e quando vossos filhos no futuro perguntarem, dizendo: Que significam estas pedras?

> Então lhes direis que as águas do Jordão se separaram diante da arca da aliança do Senhor; passando ela pelo Jordão, separaram-se as águas do Jordão; assim estas pedras serão para sempre por memorial aos filhos de Israel.
>
> (Josué 4,5-7)

Nas gerações futuras, qualquer pessoa que passasse pelo altar seria lembrada do que Deus havia feito.

Quais são os altares de nossa vida? Podem ser momentos em que sentimos o cuidado de Deus e presenciamos sua resposta à nossa oração, ou podem ser versículos das Escrituras que nos ancoram às obras de Deus ao longo da história. Essas são as coisas às quais devemos retornar quando estamos com medo ou quando duvidamos de que Deus está realmente presente em nossa vida.

Deus estava chamando Angel para junto de si, preparando-a para o momento em que ela estaria pronta para reconciliar-se totalmente com ele. Ao responder a sua oração orientando-a daquela maneira, Deus mostrou que ela podia confiar nele mais plenamente, mesmo nos difíceis desafios que estavam por vir.

Se você está desanimado ou se perguntando se Deus se importa conosco, ore — por coisas grandes e pequenas. Esteja atento às suas respostas e deixe-as edificar sua fé. E, enquanto esperar, mantenha a mente focada nas promessas dele. Ele já agiu em seu nome antes e o fará de novo. Confie-lhe seus fardos. Deus cuida de você.

> *Pense em sua vida e tente identificar algumas ocasiões em que viu Deus responder a uma oração. Como as respostas a essas orações afetaram sua fé? Anote-as e olhe em retrospectiva quando começar a duvidar do amor e da liderança de Deus.*

DIA 30

❧

O fruto do sofrimento

MICHAEL DIMINUIU O TRABALHO FRENÉTICO *e buscou consolo na palavra de Deus.* Não entendo mais nada, Senhor. Perdê-la é como perder metade de mim. Ela me amava. Eu sei que me amava. Por que a afastou de mim?

A resposta veio devagar, com a troca das estações.
Não terá outros deuses além de mim.
Isso não podia estar certo.
A raiva de Michael aumentou.
— *Quando foi que adorei qualquer outro?* — *enfureceu-se novamente.* — *Eu o segui toda a minha vida.* Jamais *pus qualquer um à sua frente.*
De punhos cerrados, chorou.
— *Eu a amo, mas nunca fiz dela meu deus.*
Na calma que seguiu essa enxurrada de palavras raivosas, Michael ouviu... e finalmente entendeu.
Você se tornou o deus dela.

Acaso confiamos que Deus tem uma razão para aquilo que acontece em nossa vida?

Michael odiava o que Deus estava fazendo. Ele se enfureceu e sofreu, cheio de dúvidas e dor. Por que Deus o afastou de Angel? Por que justo naquele momento, quando finalmente ela o amava de verdade, e eles estavam construindo uma vida juntos? Por que separá-los após tê-los juntado? Não fazia sentido.

No entanto, quando Deus se revelou, Michael começou a entender. Angel passara a amá-lo, sim, mas não da maneira como ele a amava — como uma boa dádiva de um Deus ainda melhor. Na verdade, Michael se tornara tudo para ela. Viver com ele e amá-lo não lhe deixava nenhum espaço para encontrar Deus por si mesma e entender quem ele realmente era.

Michael ainda não sabia se Angel voltaria, e sua dor permaneceu. Mas pelo menos sabia que Deus estava operando. Havia um propósito para o que estava acontecendo.

Tiago 1,2-4 oferece uma das mais surpreendentes gotas de sabedoria nas epístolas:

> Meus irmãos, tende grande gozo quando cairdes
> em várias tentações;
> Sabendo que a prova da vossa fé opera a paciência.
> Tenha, porém, a paciência a sua obra perfeita, para
> que sejais perfeitos e completos, sem faltar em
> coisa alguma.

Como podemos "ter grande gozo" quando enfrentamos problemas? Ninguém se alegra com as dificuldades, mas podemos aprender a nos alegrar com o que a dificuldade produzirá em nós.

Momentos difíceis nos ajudam a crescer. Não gostamos disso, mas sabemos que é verdade. Situações desesperadoras esclarecem o que é importante e nos levam a invocar Deus. Quando estamos com problemas ou enfrentando grandes desafios, estamos mais cientes de como somos imperfeitos e o quanto precisamos dele.

Quando foi que você esteve mais próximo de Deus? Se você for como eu, foi quando mais teve dificuldades, seja por uma perda, algo que o deixou triste, ansioso, uma crise familiar ou qualquer outro problema. Em nossos momentos mais difíceis, frequentemente as Escrituras ganham vida; cada passagem fala uma verdade vital. Na igreja, é como se as canções houvessem sido escolhidas para nós. Nosso coração se torna gentil para com os que estão sofrendo. Oramos com mais frequência porque precisamos de ajuda. Sentimos Deus nos sustentando em nossos momentos mais difíceis, mesmo em meio ao sofrimento.

Quando as coisas correm bem, é fácil se afastar de Deus. Sim, ainda o amamos e sabemos que ele nos ama, mas não ardemos com a mesma necessidade desesperada.

Isso também é retratado na Bíblia. Davi foi ungido o futuro rei de Israel quando ainda era jovem. Ganhou renome matando o gigante filisteu Golias e se tornou imensamente popular entre o povo, provocando a inveja de Saul, o rei à época. Depois disso, sua vida teve vários períodos de extrema dificuldade, e alguns de seus salmos mais característicos foram escritos em meio a esses momentos turbulentos.

No Salmo 31, ele gritou por ajuda quando Saul o perseguia:

> Em ti, SENHOR, confio; nunca me deixes confundido. Livra-me pela tua justiça.
> Inclina para mim os teus ouvidos, livra-me depressa; sê a minha firme rocha, uma casa fortíssima que me salve.
>
> (Versículos 1-2)

No Salmo 20, ele focou na confiança durante os tempos de guerra:

> Uns confiam em carros e outros em cavalos, mas nós faremos menção do nome do Senhor nosso Deus.
>
> (Versículo 7)

No Salmo 3, ele se desesperou quando seu filho Absalão tentou assumir o controle do reino:

> Porém tu, Senhor, és um escudo para mim, a minha glória, e o que exalta a minha cabeça.
>
> (Versículo 3)

No Salmo 51, ele se entristeceu e se arrependeu após cometer um grande pecado:

> Cria em mim, ó Deus, um coração puro, e renova em mim um espírito reto.

Não me lances fora da tua presença, e não retires
de mim o teu Espírito Santo.
Torna a dar-me a alegria da tua salvação, e sustém-
-me com um espírito voluntário.

(Versículos 10-12)

O sofrimento é doloroso, mas pode produzir grandes frutos em nós. Podemos conhecer pessoas que viveram experiências excepcionalmente difíceis e que acreditam que passar por esses desafios lhes propiciou uma vida melhor depois de tudo. Acho que é uma opinião que poucos têm hoje em dia. Tendemos a perguntar "Por quê?", em vez de "Como essa experiência pode me fortalecer e preparar para o que está por vir?". Perguntar "Por quê?" pode nos fazer sentir paralisados, porque talvez nunca recebamos uma resposta. Pensar na luta como fonte de crescimento pode mudar nossa perspectiva e nos libertar para seguir em frente.

Se você está enfrentando problemas e se perguntando por que Deus permite dificuldades em sua vida, aproveite a oportunidade para se aproximar dele. Pense em como ele pode estar operando para reconciliá-lo consigo mesmo. Lembre-se de que Deus está ao seu lado em tudo e que você pode desenvolver uma atitude de fé e perseverança ao se voltar para ele.

Releia alguns dos salmos que Davi escreveu enquanto passava por dificuldades. Ore a Deus e lhe peça que o ajude a se aproximar dele sempre que enfrentar desafios.

DIA 31

❦

Orações importantes

Michael acordou suando frio. Com um chamado de Angel, no meio de um incêndio. Não conseguia alcançá-la, por mais que tentasse, mas viu uma silhueta escura caminhando entre as chamas, indo na direção dela.

Passou a mão trêmula no cabelo molhado. O suor escorria-lhe pelo peito nu e ele não conseguia parar de tremer.

— Foi só um sonho.

O mau pressentimento foi tão forte que Michael ficou nauseado. Rezou. Depois levantou-se da cama e foi para fora. O sol já estava quase nascendo. Tudo melhoraria à luz do dia. Mas, quando amanheceu, a sensação de que havia alguma coisa errada não foi embora, e ele rezou fervorosamente outra vez. Estava muito preocupado com sua mulher.

Onde ela estava? O que estava fazendo para sobreviver? Será que passava fome? Tinha onde morar? Como estaria vivendo, sozinha?

Poucas coisas causam mais ansiedade do que saber que um ente querido está com problemas e não poder ajudá-lo.

Michael já lidava com a dor de não saber onde Angel estava ou o que acontecia com ela, mas, quando sonhou que ela estava em perigo e o chamava, sentiu um peso e uma aflição insuportáveis. Com medo de adoecer, fez a única coisa que podia: orou e clamou a Deus por sua amada esposa.

A oração é um mistério que nunca entenderemos totalmente. Sabemos que Deus é soberano e amoroso, de modo que a ideia de orar com o objetivo de fazê-lo mudar de ideia ou levar questões à sua atenção pode parecer estranha. Ao mesmo tempo, as Escrituras nos encorajam claramente a ir a Deus com nossos fardos e pedidos. A oração nos leva à comunhão com Deus, ajuda-nos a conhecê-lo melhor e nos faz confiar mais nele à medida que o vemos responder. Orar pelos outros — reservar um tempo para pedir a ajuda de Deus na vida dos outros — é um ato de amor e nos incita a lembrar que Deus está no controle de tudo e que ele os ama ainda mais que nós. Ele sabe e se importa.

As epístolas de Paulo contêm várias preces lindas dirigidas aos cristãos, nas igrejas que ele fundou. São orações esclarecedoras:

> Por esta razão, nós também, desde o dia em que o ouvimos, não cessamos de orar por vós, e de pedir que sejais cheios do conhecimento da sua vontade, em toda a sabedoria e inteligência espiritual;

DIA 31: ORAÇÕES IMPORTANTES

> Para que possais andar dignamente diante do Senhor, agradando-lhe em tudo, frutificando em toda a boa obra, e crescendo no conhecimento de Deus;
> Corroborados em toda a fortaleza, segundo a força da sua glória, em toda a paciência, e longanimidade com gozo.
>
> (Colossenses 1,9-11)

Nossas orações pelos outros geralmente focam as circunstâncias. Oramos por causa de doenças, questões escolares e de trabalho, agendas lotadas e problemas de dinheiro. Tudo isso é de vital importância em nossa vida, e Deus se preocupa com tudo. Mas muitas vezes nos esquecemos de orar pelas questões maiores que estão por trás do nosso cotidiano.

A primeira preocupação de Paulo acerca dos colossenses era sua posição em relação a Deus. Ele orava para que eles o conhecessem melhor. Orava por sua sabedoria e fecundidade. Orava a Deus para fortalecê-los e dar-lhes a resiliência de que precisavam para enfrentar o que quer que o futuro lhes reservasse, de uma forma que honrasse nosso pai celestial.

Essa é uma oração poderosa. E, às vezes, a resposta a esse tipo de oração parece muito diferente do que esperamos.

Se Michael soubesse o que estava acontecendo com Angel, teria feito de tudo para afastá-la de Duke o mais rápido possível — até mesmo brigando com uma sala cheia de homens. Mesmo assim, Deus escolheu operar de uma maneira diferente. Ele estava permitindo que Angel vivenciasse essa escuridão sem Michael para que ela pudesse começar a entender que ele não era seu salvador. Ela havia sido resgatada da prostituição meses antes, mas, agora, Deus estava colocando as peças no lugar para reconciliá-la totalmente consigo. No final das contas, era isso que Michael pedia em suas preces por Angel — mas ele nunca poderia adivinhar de que maneira Deus pretendia responder.

Quando estamos no fim da linha, ou quando vemos um ente querido em circunstâncias terríveis, orar por alívio é sempre bom. Mas podemos ir mais fundo e orar por mais. Podemos orar para que nossas lutas nos façam ver Deus mais claramente. Para entender o que é mais importante. Para experimentar seu amor de uma maneira mais profunda. Para aprender mais sobre como segui-lo.

Não precisamos orar com perfeição. Romanos 8,26-27 nos diz que temos a ajuda do Espírito Santo, que intercede por nós:

> E da mesma maneira também o Espírito ajuda as nossas fraquezas; porque não sabemos o que havemos de pedir como convém, mas o mesmo Espírito intercede por nós com gemidos inexprimíveis.
> E aquele que examina os corações sabe qual é a intenção do Espírito; e é ele que segundo Deus intercede pelos santos.

Se tem medo por si ou pelos outros, peça a Deus para trabalhar poderosamente sobre o que os aflige — e para atrair todos os envolvidos para mais perto dele. Nem sempre sabemos como Deus vai responder às nossas preces, mas podemos confiar que nosso reconciliador está sempre trabalhando por nós.

> *Escreva a oração de Paulo em Colossenses 1 e coloque-a em um lugar onde a veja constantemente. Crie o hábito de orar por si e pelas pessoas que o cercam.*

DIA 32

❦

Vendo Jesus

Os pesadelos voltaram. Em terra firme, mal conseguia ficar de pé, em virtude da grande sujeira que havia grudado nela. Cambaleou pela praia e caiu, exausta. Sua pele tinha feridas e tumores.

Então Angel viu Michael diante dela. Uma pequena chama ardia no lugar do coração dele. **Não, minha amada.** Ele não tinha movido os lábios, e a voz não era dele. A chama foi ficando maior e mais brilhante e se alastrou, até iluminar o corpo inteiro de Michael. Aquela luz se separou dele e cobriu os últimos metros até atingi-la. Era um homem, glorioso e magnífico, com luz irradiando em todas as direções.

— Quem é você? — murmurou, apavorada. — Quem é você?

Yahweh, El Shaddai, Jeovah mikadiskim, El Elyon, El Olam, Elohim...

Os nomes não acabavam mais, moviam-se juntos como música, corriam em seu sangue, cobriam-na toda. Ela tremeu de medo e não conseguiu se mexer. Ele estendeu a mão e a tocou, ela sentiu um calor e o medo desapareceu. Olhou para baixo e viu que estava limpa, vestida de branco.

༺✦༻

Tudo muda quando vemos Jesus como ele realmente é. Angel havia acumulado anos de amargura contra Deus. As terríveis circunstâncias que suportara, a falta de compaixão e perdão que ela e sua mãe haviam recebido da igreja e as falhas de seus pais e avós formaram uma combinação que a convenceram de que Deus não era alguém que ela quisesse conhecer. Ela presumira que ele a rejeitaria de qualquer maneira, então, para que valeria o esforço? Ela disse a Michael que Deus nunca a ajudara. Angel tinha certeza de que ele não se importava nem um pouco com ela.

No entanto, pelo exemplo de fé de Michael, ela viu que Deus podia ser diferente do que ela imaginava, e que o amor feroz, o perdão e a compaixão de Michael podiam ser um eco do próprio Deus. Mas, mesmo com essa percepção, ela ainda ficou surpresa quando viu uma imagem de Jesus em seu sonho — não como um homem sofrido, e sim como ele se apresenta agora: glorificado, poderoso, radiante.

No livro do Apocalipse, o apóstolo João registrou sua reação ao ver Jesus glorificado:

> E no meio dos sete castiçais um semelhante ao
> Filho do homem, vestido até aos pés de uma

DIA 32: VENDO JESUS

> roupa comprida, e cingido pelos peitos com um cinto de ouro.
>
> E a sua cabeça e cabelos eram brancos como lã branca, como a neve, e os seus olhos como chama de fogo;
>
> E os seus pés, semelhantes a latão reluzente, como se tivessem sido refinados numa fornalha, e a sua voz como a voz de muitas águas.
>
> E ele tinha na sua destra sete estrelas; e da sua boca saía uma aguda espada de dois fios; e o seu rosto era como o sol, quando na sua força resplandece.
>
> E eu, quando o vi, caí a seus pés como morto; e ele pôs sobre mim a sua destra, dizendo-me: Não temas; eu sou o primeiro e o último;
>
> E o que vivo e fui morto, mas eis aqui estou vivo para todo o sempre. Amém. E tenho as chaves da morte e do inferno.
>
> (1,13-18)

João passou anos com Jesus durante seu tempo na Terra. Eles faziam refeições e viajavam juntos. Conheciam-se muito bem; mas, mesmo assim, João ficou perplexo ao ver Jesus ressuscitado e glorificado.

E quem não ficaria? Essa imagem de Jesus está muito além das ilustrações que vemos nos livros de histórias infantis. Olhos como chamas de fogo, pés como bronze polido, uma espada na boca, um rosto como o sol. Os detalhes podem não importar tanto quanto a impressão de modo geral: poder, autoridade, beleza, glória. Essa imagem seria aterrorizante, não fosse pelas palavras de Jesus a João, começando com "Não temas". Jesus lembra a João quem ele é.

Mais adiante, no Apocalipse, Jesus disse estas palavras: "Vem. E quem tem sede, venha; e quem quiser, tome de graça da água da vida" (22,17). Jesus — o alfa e o ômega, o poderoso, aquele que estava morto e agora vive para sempre — nos convida a ir até ele. Ele oferece "a água da vida" sem nenhum custo para nós! Ele nos chama para oferecer seu perdão e nos reconciliar com ele.

O sonho de Angel deixou tudo claro. Ela sabia que era pecadora — a sujeira imaginária que a cobria revelava isso. Estava sozinha e indefesa. Pensara que era Michael que a salvava, mas ele não poderia ajudá-la sem se sujar também. Só Jesus poderia chamá-la e purificá-la, e, mesmo assim, continuar imaculado.

As palavras de Jesus para ela são suas palavras para nós: **Eu sou o caminho. Siga-me**. Ele chama cada um de nós pelo nome porque nos conhece. Ele nos chama para segui-lo porque quer que sejamos salvos. Ele quer que encontremos o caminho que conduz a ele, à vida eterna, ao amor e ao perdão.

Conhecemos o Jesus dos evangelhos, aquele que transmitiu ensinamentos e curou doentes. Mas nunca nos esqueçamos de que o que os discípulos presenciaram nesta Terra não resume tudo o que Jesus é. Ele morreu e ressuscitou. Está glorificado nas alturas, sentado à direita de Deus. É repleto de poder, autoridade e majestade — amor, compaixão e perdão. Jesus nos chama para nos reconciliarmos com ele.

Se sua fé está estagnada e você não sabe para onde ir, olhe para a pessoa de Jesus. Lembre-se de quem ele é e para que nos chama.

> *Medite sobre a passagem do Apocalipse e imagine o que João viu. Como é para você imaginar Jesus da maneira como João o descreveu?*

DIA 33

❧

O poder de Deus na fraqueza

OH, DEUS! OH, JESUS, AJUDE-ME, por favor!

— *Ele já está acabando de prepará-los para você.*

E, então, quando achou que seu coração ia parar de bater com o pavor que sentia, Angel ouviu.

Sarah, minha amada.

Era a mesma voz suave que tinha ouvido na cabana de Michael. A que tinha ouvido também no sonho...

Acalme-se, estou aqui.

Fechou bem os olhos novamente, procurou bloquear a multidão enlouquecida sentada diante do palco, tentou se concentrar na voz calma e assustadora que falava dentro da cabeça dela, que a chamava pelo nome que só ouvira uma vez, em um sonho, desde a morte da mãe.

Angel abriu os olhos e de repente aquela tremedeira por dentro parou. Não tinha explicação, mas estava tranquila. Estranhamente calma.

Angel se adiantou e o homem abriu a cortina para que ela pudesse passar.

Quando parece que não há escapatória, Deus provê um caminho e exibe seu poder para que todos o presenciem.

Angel estava nos bastidores, ouvindo os assobios dos homens que esperavam para lançar sobre ela olhares de cobiça. Ela entrou em pânico; não via nenhuma saída do inferno que Duke planejava para ela. Mas, em meio ao barulho e à comoção, no momento em que se sentia mais impotente e sem esperança, uma voz mansa e delicada a chamou pelo nome. **Sarah, minha amada.**

Naquele lugar horrível, às portas do que parecia ser uma das piores experiências de uma vida já difícil, essa jovem, que havia muito se sentia abandonada e condenada por Deus, o ouviu chamá-la. Ela ainda não sabia o que aconteceria, mas sabia que ele estava ali. O Deus em quem ela mal acreditava a conhecia pelo nome. Ele a amava. Naquele momento em que ela devia subir ao palco, só isso lhe bastou. Mesmo na incerteza, ela foi invadida por uma calma inexplicável.

Isaías 43 começa com uma declaração poderosa sobre a presença de Deus nas circunstâncias mais difíceis:

> Mas agora, assim diz o SENHOR que te criou, ó Jacó, e que te formou, ó Israel: Não temas, porque eu te remi; chamei-te pelo teu nome, tu és meu.
> Quando passares pelas águas estarei contigo, e quando pelos rios, eles não te submergirão; quando passares pelo fogo, não te queimarás, nem a chama arderá em ti.

Porque eu sou o Senhor teu Deus, o Santo de Israel,
   o teu Salvador; dei o Egito por teu resgate, a
Etiópia e a Seba em teu lugar.
                              (Versículos 1-3)

Nesta vida, enfrentaremos problemas, muitos deles desesperadores. Precisaremos atravessar as águas e o fogo, mas Deus estará conosco. Embora às vezes nos sintamos cercados pelo mal, ele não deixa que o mal nos vença. Não importa o que aconteça e quais adversidades enfrentemos, seu amor nos cerca e sua presença jamais nos abandona.

Que dádiva! Ela transforma todas as situações difíceis em que nos encontramos, todas as batalhas que temos de travar.

Assim como Angel, talvez tenhamos passado anos tentando vencer batalhas sozinhos, lutando contra nossas circunstâncias com raiva e ironia, nos defendendo, ou nos armando de forma racional. Aprendemos a depender de nós mesmos e a utilizar as ferramentas que temos à disposição. Mas Deus nos chama para largar essas armas e pegar as dele no lugar. Porque, quando fazemos isso — quando não confiamos em nossas habilidades ou tendências naturais, mas nele —, permitimos que seu poder opere por meio de nós. E coisas inesperadas acontecem.

A tendência natural de Angel era se proteger, fechando-se emocionalmente, vestindo uma carapaça de desdém. Mas, quando ela subiu ao palco, Deus a levou a olhar nos olhos dos homens que estavam no cassino. Quando fez isso, ela viu desespero, não apenas vício; e uma necessidade mais profunda, não apenas luxúria. Então sentiu compaixão por eles — e isso mudou tudo.

Em 2 Coríntios 12,7, Paulo escreveu sobre o "espinho na carne", que ele sempre pedia a Deus que se lhe fosse tirado.

Deus negou, dizendo: "A minha graça te basta, porque o meu poder se aperfeiçoa na fraqueza" (versículo 9). A resposta de Paulo é notável: "De boa vontade, pois, me gloriarei nas minhas fraquezas, para que em mim habite o poder de Cristo" (versículo 9).

Como seria nos gabarmos de nossas fraquezas? Talvez isso signifique não tentarmos mais manter uma fachada de coragem, como um baiacu que incha até multiplicar seu tamanho natural para se proteger de predadores. Em vez de encobrir nossos pontos fracos, permitimos que outros os vejam, mostrando que dependemos de Deus para tudo que realizamos. Não fazemos nada com nossas próprias forças. Somos fracos, mas Deus é forte e escolhe operar por meio de nós.

Quando não atrapalhamos e deixamos de lado nossas inclinações e respostas naturais, a presença de Deus pode ser vista mais claramente. Outros podem dizer que o poder de Deus está em ação. E podemos nos regozijar com o surpreendente conhecimento de que fazemos parte da obra de reconciliação que Deus está realizando no mundo.

Se você se sente fraco e incapaz de lidar com as coisas sozinho, deixe que isso seja uma oportunidade para confiar em Deus. Ore para que a obra dele seja vista claramente em você.

Pense em como você costuma responder às dificuldades. Como as coisas mudariam se você parasse de se defender e mostrasse suas fraquezas, se confiasse e deixasse o poder de Deus agir por meio de você?

DIA 34

❀

A fragrância de Cristo

ENTÃO OLHOU EM VOLTA NOVAMENTE *e viu que estavam todos calados, atônitos. Alguns não conseguiam encará-la, desviavam o olhar, envergonhados.*
— *Por que estão todos aqui?* — *ela perguntou, temendo sufocar com as lágrimas reprimidas.* — *Por que não estão em casa, com suas mulheres e filhos, ou com suas mães e irmãs? Vocês não sabem que lugar é este? Não sabem onde estão?*
Angel saiu lentamente do palco. Viu Duke à sua espera, com uma expressão que jamais tinha visto. Suava na testa e o rosto estava branco de fúria. Agarrou-lhe o braço com brutalidade e puxou-a para um canto escuro.
— *Por que fez aquela estupidez?*
— *Acho que foi por Deus* — *disse, espantada.*
Angel sentia o júbilo e a presença de um poder tão formidável que a fazia tremer. Encarou Duke e não teve mais medo.
— *Deus?* — *ele cuspiu a palavra.*
Seus olhos faiscavam.

— Vou matar você. Devia ter feito isso há muito tempo.

— Você está com medo, não está? Eu sinto o cheiro. Tem medo de uma coisa que não pode ver. E sabe por quê? Porque o que Michael tem é muito mais poderoso do que você já foi ou poderá ser.

⚜

Como as pessoas respondem quando veem Cristo em nós?

Angel não sabia o que deveria fazer no palco, mas, com a calma que sabia provir de Deus, fez o que achou melhor. Ela cantou a canção que Deus fez brotar em sua mente — *Rock of Ages*. Falou a verdade aos homens, fazendo-os recordar suas famílias e pensar por que estavam escolhendo aquele pobre substituto para relacionamentos importantes. E então outros viram Deus operando por meio dela.

Alguns homens perceberam e ficaram envergonhados. Chocados ao ouvir um hino religioso em um cassino, foram condenados por seus pecados e fraquezas e vislumbraram o amor e o poder divinos. Talvez alguns tenham dado um passo em direção ao arrependimento e à reconciliação com Deus. Outros endureceram o coração, evitando uma introspecção mais profunda. Esses homens aplaudiram muito assim que o entretenimento obsceno recomeçou. Outros ainda, como Duke, viram e sentiram medo.

A vida inteira de Duke fora construída em torno de seu senso de poder. Ele pegava as garotas que queria e abusava delas. Mantinha outras cativas e sem esperança. Machucava quem quer que se pusesse em seu caminho. Ele apostou sua vida no fato de que não existia nada além do mundo material e que ninguém poderia responsabilizá-lo por nada. Então, ficou apavorado ao pensar que existia alguém que ele não podia ver ou controlar — alguém mais poderoso que ele.

O apóstolo Paulo escreveu sobre essa reação em 2 Coríntios 2:

> E graças a Deus, que sempre nos faz triunfar em Cristo, e por meio de nós manifesta em todo o lugar a fragrância do seu conhecimento.
> Porque para Deus somos o bom perfume de Cristo, nos que se salvam e nos que se perdem.
> Para estes certamente cheiro de morte para morte; mas para aqueles cheiro de vida para vida. E para estas coisas quem é idôneo?
> (Versículos 14-16)

Por que somos "cheiro de morte para a morte" para aqueles que rejeitam Deus? Porque somos um lembrete de que eles não estão no controle de sua vida e de seu destino. Por mais poderosos que sejam, Deus é mais forte. Eles podem ter estabelecido suas próprias regras de vida — que colocam tudo a seu favor —, mas Deus revela por meio de nós que eles não escrevem as verdadeiras regras. Para aqueles que pensam que estão no controle e não têm intenção de mudar, a verdade de Cristo é assustadora. Mas para aqueles que sabem que precisam dele, que estão sendo atraídos para ele, ela é vivificante. A fragrância é como um doce perfume.

Angel pronunciou aquelas palavras sobre a verdade, mas não foi responsável pelo resultado. Isso era coisa entre Deus e os homens individualmente. O papel dela — e o nosso — é permitir que outros vejam a poderosa presença de Deus em nossa vida. O apóstolo Paulo escreveu: "Porque não me envergonho do evangelho de Cristo, pois é o poder de Deus para salvação de todo aquele que crê" (Romanos 1,16).

Angel estava cheia de júbilo quando desceu do palco, não porque houvesse realizado algo grande, mas porque Deus a usara para realizar mais do que ela poderia ter imaginado. Ele não estava apenas salvando-a ao afastá-la de Duke; estava também mostrando-lhe quem ele era. Ele estava salvando Cherry, Faith e outras pessoas. Estava chamando alguns homens ao arrependimento. E estava revelando a verdade sobre Duke, para que ele não pudesse mais machucar aquelas mulheres. Tudo isso graças a uma canção e algumas palavras. Tudo em um momento de exibição do poder de Deus.

O Salmo 77 nos lembra do grande poder de Deus operando por nossa redenção:

> O teu caminho, ó Deus, está no santuário. Quem
> é Deus tão grande como o nosso Deus?
> Tu és o Deus que fazes maravilhas; tu fizeste notória
> a tua força entre os povos.
> Com o teu braço remiste o teu povo, os filhos de
> Jacó e de José. (Selá.)
>
> (Versículos 13-15)

DIA 34: A FRAGRÂNCIA DE CRISTO

Se você se questiona como nosso Deus pode usá-lo, lembre-se de que está espalhando a fragrância de Cristo aonde quer que vá. A presença dele em você é poderosa.

> *Como você poderia espalhar mais a fragrância de Cristo? Peça a Deus para guiá-lo quando estiver em situações em que possa mostrar a verdade dele aos outros.*

DIA 35

✥

Venha a mim

Sorvia as palavras de salvação e redenção, embora achasse que não tinha direito a elas. Tinha sede daqueles ensinamentos tal qual um gamo à procura da água da vida, e, enquanto os ouvia, lembrava-se do sonho que tivera no bordel de Duke, na Praça Portsmouth.

Oh, meu Deus! Era o Senhor que falava comigo, não era? Era o Senhor. E aquela noite na cabana, tanto tempo atrás, quando senti aquela fragrância maravilhosa e pensei ter ouvido alguém falar comigo, também era o Senhor.

Tudo o que Michael lhe tinha dito, tudo o que ele tinha feito, agora fazia sentido. Ele vivia em Cristo para ela poder entender.

Oh, Senhor! Como pude ser tão cega? Por que não lhe dei ouvidos? Por que precisei de tanto sofrimento para ver que o Senhor estava lá comigo, o tempo todo?

A voz calma a chamava com ternura.

Venha a mim, minha amada. Levante-se e venha a mim.

E então ela sentia todo o corpo quente. Aquele era o amor pelo qual tinha esperado a vida inteira.

⁂

Venha a mim.
 Deus estivera falando com Angel o tempo todo, mas ela não fora capaz de ouvir em razão de sua dor e amargura. Lentamente, ele foi quebrando as defesas dela — por meio do amor constante de Michael, do exemplo de Miriam e dos Altman, da bondade dos Axle e das poderosas palavras das Escrituras. Acima de tudo, sua voz mansa e delicada a chamou em sonho e em seu pior momento no cassino de Duke. Seu poder a libertou quando ela ainda não sabia se acreditava. Agora finalmente ela tinha sido capaz de ouvi-lo. *Venha a mim.*

Ele ofereceu tudo de que ela precisava. Ela estivera sedenta de seu amor por anos, durante todas as suas lutas, raiva e sofrimento, mas não percebera. O amor dele era perfeito e cheio de perdão. Queria o melhor para ela e deu um novo sentido à sua vida. O amor de Michael foi maravilhoso e a colocou nesse caminho, mas, sozinho, não era suficiente.

Jesus disse a seus seguidores: "Eu sou o pão da vida; aquele que vem a mim não terá fome, e quem crê em mim nunca terá sede" (João 6,35). Anseios preenchem nossa mente e nosso coração, mas eles não podem ser saciados por nada neste mundo. Somente o amor de Deus pode satisfazê-los totalmente.

Jeremias 31,3 diz: "Porquanto com amor eterno te amei, por isso com benignidade te atraí". Seu amor não irá nos deixar. Se prestarmos atenção, ouviremos a voz mansa e delicada nos chamando para ele.

Muitas vezes ignoramos essa voz. Ocupamo-nos com as coisas aparentemente mais urgentes. Distraímo-nos com entretenimento sem sentido. Abafamos a voz de Deus com outras vozes — as expectativas dos outros, nossos medos e ansiedades, o chamado do mundo para o sucesso. Há dias em que ignoramos nossa sede desesperada e vivemos nossa vida como se Deus não existisse.

Angel ouviu Deus a chamar para aceitar seu perdão e se tornar sua filha. Esse é o primeiro e mais importante convite que qualquer pessoa pode receber. Aceitar isso nos leva da morte para a vida, das trevas para a luz. Ganhamos perdão, a promessa de vida eterna e a verdadeira comunhão com Deus.

Mas quem já respondeu há muito a esse chamado, às vezes se esquece de que, embora tenhamos obtido a salvação, responder ao amor de Deus significa permanecer nele a cada momento do dia. Significa permitir que ele satisfaça nossa necessidade de amor e segurança e que preencha nossa vida de significado.

Venha a mim.

Quando aprendemos a reconhecer a voz mansa e delicada de Deus nos chamando para nos aproximar e nos reconciliar com ele, somos incitados a parar de lutar e nos render. A renunciar ao orgulho, deixar de lado as coisas supérfluas e caminhar obedientemente em direção a seu amor infalível.

O apóstolo Paulo nos mostrou como é a reconciliação com Deus:

> A vós também, que noutro tempo éreis estranhos, e inimigos no entendimento pelas vossas obras más, agora contudo vos reconciliou
> No corpo da sua carne, pela morte, para perante ele vos apresentar santos, e irrepreensíveis, e inculpáveis,
> Se, na verdade, permanecerdes fundados e firmes na fé, e não vos moverdes da esperança do evangelho que tendes ouvido, o qual foi pregado a toda criatura que há debaixo do céu, e do qual eu, Paulo, estou feito ministro.
>
> (Colossenses 1,21-23)

Se sente que está se afastando de Deus, não deixe passar outro dia sem se aproximar dele. Lembre-se da história de Angel, da beleza e do poder transformador do amor de Deus em sua vida. Releia as Escrituras para recordar. Aproxime-se de Deus por meio da oração. Converse com outros cristãos sobre ele. Permaneça firme na certeza de que Deus, em seu profundo amor, o reconciliou com ele.

Esse é o amor que esperamos por toda a vida. Aproveitemos a dádiva.

> *Como Deus chama por você? Em quais aspectos ele pede que você se aprofunde, se aproxime e viva mais plenamente na fé?*

RESTAURAÇÃO

A restauração é um reinício? Uma chance de voltar e começar do zero? É restabelecer o que era para ser antes de Adão pegar o fruto das mãos de Eva e escolher comê-lo e se separar de Deus?

Ser restaurada provocou mudanças de longo alcance em minha vida. Por meio da obra de Cristo na cruz, estou restaurada no relacionamento que Deus planejou para mim, exatamente como ele me criou para ser: agora sou sua filha, sua amiga, alguém que tem um relacionamento próximo com ele. Posso falar livremente com Deus em qualquer lugar, a qualquer hora, e ele me ouve e me ama. Aconteça o que acontecer, Deus tem um bom propósito, porque eu o amo e sou dele. E esse relacionamento restaurado, pretendido desde o início da criação, não é temporal, e sim eterno.

Eu *decidi* aceitar Jesus como meu Salvador e Senhor. Não foi uma experiência de renascimento, uma luz ofuscante, que alguns sentem. Nem sei dizer em que dia ele aconteceu. Só posso dizer que eu sabia, sem dúvida, que era uma pecadora, que minhas escolhas eram a causa de minha miséria e que, sozinha, eu havia feito de tudo para encontrar paz, alegria, propósito, realização — e nada dera certo. Minha decisão de acreditar em Jesus significava uma rendição completa, não pela metade. A virada aconteceu em silêncio e com uma simples prece: *Tudo bem, Deus, eu desisto. Eu baguncei completamente minha vida. Pode ficar com ela. Faça o que quiser.* E sua resposta foi restauração.

Tive alívio imediato? Não. De repente, eu tinha todas as respostas que queria? Não, mas tive acesso àquele que as tem. As coisas mudaram? Sim, mas não tão rápido quanto eu esperava. Mas algumas orações foram respondidas imediatamente, como um desejo de ler e estudar a Bíblia. Pela sua palavra, aprendi que Deus não era quem o mundo dizia que era. Não senti nenhuma condenação, não encontrei uma lista de boas ações para realizar a fim de sentir seu amor, nem nenhum prazo. Minha visão de vida mudou. A luz do mundo entrou e abriu meus olhos e ouvidos para absorver as coisas de um jeito novo.

Lembra que eu achava que minha mãe havia me rejeitado? Quando vi minha infância sob essa nova perspectiva, entendi as atitudes dela de um jeito diferente. Ela foi diagnosticada com tuberculose quando eu era bem pequena e teve de ficar isolada em seu quarto. Meu irmão e eu fazíamos o teste a cada poucos meses. Quando minha mãe dizia "Saia do meu quarto", ela estava realmente dizendo: "Eu a amo demais para expô-la a uma doença que pode matá-la". Agora eu percebo que ela me demonstrava um amor sacrificial.

Cada vez que lia a Bíblia, o Senhor me encontrava onde eu estivesse, falava comigo de uma maneira que eu podia entender e me mostrava onde e como realinhar minha vida com a dele. (Isso ainda é verdade.) Eu era escritora, mas, de repente, não conseguia escrever, até que senti Deus me dizendo para usar o dom que ele me dera para me aproximar dele. Então, fiz isso e esperei, na expectativa de um daqueles surpreendentes momentos de epifania. Minha obra se tornou uma janela aberta que mostrava minhas lutas pessoais e como Deus nos ama e está sempre presente. Ele derrama o Espírito Santo sobre nós, cristãos, para nos ensinar e nos guiar pela vida afora.

Eu achava que havia sido rejeitada, mas me descobri amada. Eu me sentia resignada, mas aprendi que Deus oferece vida abundante para aqueles que confiam nele. Eu havia sido prisioneira do pecado, mas fui resgatada por Jesus na cruz. Estava perdida, mas ele me redimiu da morte e do inferno. Quando aceitei Jesus como meu Salvador e Senhor, reconciliei-me com Deus e restaurei o relacionamento íntimo que minha alma desejava ter.

Ainda assim, há momentos em que sinto a tensão de viver no processo de transformação, que dura a vida toda; de viver entre o agora e a obra consumada de Jesus. Esta vida temporal é uma luta. Eu sou uma nova criação, mas ainda estou longe de ser semelhante a Cristo. Ele habita em mim, mas ainda luto contra minha natureza carnal. Não sou a mulher que quero ser, mas estou longe de ser a mulher que fui.

Disto eu tenho certeza: o amor de Deus é para sempre. Ele é fiel para completar sua obra em mim. Às vezes eu me imagino no colo do Pai, com a cabeça apoiada em seu coração, ele me abraçando. Não importa o que aconteça, estou segura nele. Nas batalhas que enfrento, lembro-me de que Jesus já venceu a guerra. O Espírito Santo que habita em mim é a marca da promessa e o fogo consumidor de Deus, o qual me purifica e me refina para uma restauração completa, para quando eu me encontrar frente a frente com o Pai.

DIA 36

🌸

Entendendo o passado

JONATHAN NOTOU IMEDIATAMENTE ALGO DIFERENTE *nela. Tinha o rosto radiante, exibia um sorriso de alegria.*

— Eu sei o que Deus quer que eu faça da minha vida — *disse, e se sentou na beira do sofá.*

Angel contou que encontrara Torie e almoçara com ela. Falou da depressão e do desespero das jovens prostitutas e dos muitos anos que passara sentindo isso.

— Torie disse que, se tivesse uma saída, largaria essa vida. *Virgil perguntou se ela sabia cozinhar e ela disse que não. E então me veio a ideia, bem ali no café do Virgil.* Por que não?

— Por que não o quê? — *disse Susanna, exasperada.* — Você não explicou nada.

— Por que não criar uma saída para ela? — *disse Angel.* — Ensiná-la a cozinhar, costurar, fazer chapéus, qualquer coisa que lhe servisse como uma forma de ganhar a vida. Jonathan, quero comprar uma casa para onde alguém como Torie possa *ir e se sentir protegida, para ganhar seu sustento sem ter de vender o corpo para isso.*

⁂

Você já teve um momento em que a dor pela qual passou de repente fez algum sentido?

Angel tinha fé em Deus e experimentava aquela nova realidade, conhecendo-o cada vez mais profundamente. Isso lhe propiciava alegria, assim como viver com os Axle — mas ela permanecia no limbo, sabendo que havia outra coisa que deveria fazer com sua vida. Ela orou pedindo que Deus a orientasse e esperou sua resposta. Então, subitamente, tudo fez sentido.

Quem sabia melhor do que ela o que era para uma mulher estar presa em uma vida que odiava? Quem sabia melhor do que ela como anos e anos de amargura e degradação excluíam uma mulher e enchiam seu coração de desespero? E quem sabia melhor do que ela como a esperança poderia ser restaurada e como Deus poderia transformar um coração e uma vida? Angel era a pessoa perfeita para alcançar mulheres que precisavam de resgate, trabalho digno e com propósito, fé e esperança.

Tudo que ela havia vivido, das piores às melhores situações, a preparara para esse momento e essa missão. Deus estava redimindo tudo que havia sido mal-intencionado e o usava para o bem dela e para a glória divina. Parecia impossível — mas nada é impossível para Deus.

Romanos 8,28 é um versículo maravilhoso, mas duro: "E sabemos que todas as coisas contribuem juntamente para o bem daqueles que amam a Deus, daqueles que são chamados segundo o seu propósito". É ainda mais duro quando pensamos em uma história como a de Angel. *Tudo?* Todos os abusos que ela sofrera nas mãos de outras pessoas, como poderiam ser usados para o bem?

Só Deus pode fazer isso acontecer.

O exemplo clássico das Escrituras é José, cujos irmãos ciumentos o venderam como escravo e depois disseram a seu pai que ele estava morto. Ele acabou no Egito, preso por causa de falsas alegações. Enquanto estava lá, ele interpretou sonhos para dois outros prisioneiros. Mais tarde, quando o faraó estava tendo sonhos perturbadores, um deles recomendou que consultasse José. José interpretou corretamente os sonhos e foi nomeado o segundo sob o comando do faraó, e Deus usou José para salvar da fome o Egito e as terras vizinhas. Anos depois, quando seus irmãos foram ao Egito comprar comida e descobriram quem ele era, ele lhes disse: "Vós bem intentastes mal contra mim; porém Deus o intentou para bem, para fazer como se vê neste dia, para conservar muita gente com vida" (Gênesis 50,20).

Pode ser fácil ver a vida de outra pessoa — especialmente de algum personagem bíblico — e constatar como Deus usou coisas ruins para boas finalidades. Mas é muito mais difícil ver isso em nossa vida quando passamos por dificuldades, não é? Seria mais fácil se soubéssemos exatamente o que resultaria de nossas lutas, se pudéssemos ver o final feliz em meio à dor. Outra coisa é viver cego, sem saber como

Deus mudará o que quer que agora pareça perdido. Mas nosso Deus é aquele que restaura — não apenas a nós, mas a tudo que nos rodeia.

Seus propósitos são maiores do que podemos ver ou compreender.

Nosso olhar alcança o tempo presente, mas o olhar de Deus alcança a eternidade. Nossos problemas preenchem nosso campo de visão, mas a visão de Deus é mais ampla. Ele se preocupa menos com o que é mais fácil para nós e mais com o que é melhor para nós. E seu melhor para nós implica sermos restaurados nele.

Veja os versículos que seguem a Romanos 8,28:

> Porque os que dantes conheceu também os predestinou para serem conformes à imagem de seu Filho, a fim de que ele seja o primogênito entre muitos irmãos.
>
> E aos que predestinou a estes também chamou; e aos que chamou a estes também justificou; e aos que justificou a estes também glorificou.
>
> (Versículos 29-30)

Deus trabalha em nossa vida para nos levar a permanecer firmes com ele. Seu objetivo é nosso bem final — nossa salvação — e sua glória. E ele pode usar tudo para nos aproximar desse objetivo. Não importa quão dolorosa ou sem sentido uma situação pareça agora, ele pode torná-la nova.

Um dia, veremos como Deus redimiu o mundo, levando embora toda dor, tristeza e morte. Nenhuma dessas dificuldades permanece para sempre. O que permanece é o Deus que habita entre nós, aqueles a quem ele fez seus filhos. Ele restaurará tudo e nada será esquecido.

> *Anote algumas das coisas mais difíceis em sua vida. Ore e entregue-as a Deus, dizendo-lhe que, embora você não saiba como ele poderá redimi-las ou usá-las para o seu bem, você confia que ele o fará. Torne a avaliar essas dificuldades daqui a alguns meses para ver o que Deus fez por você.*

DIA 37

❦

Liberdade no perdão

OS LÁBIOS DELA TREMIAM.
— *Paul, sinto muito pelo sofrimento que lhe causei. Sinto mesmo.*

Ele ficou muito tempo calado, sem conseguir falar, pensando em toda a perseguição que ela havia sofrido. E naquela que havia partido dele. E agora era ela quem lhe pedia perdão. Ele planejou a destruição dela e acabou se destruindo nesse processo. Desde aquela época fora consumido pelo ódio, ficara cego. Fui insuportável, hipócrita e cruel. *Essa revelação era amarga e dolorosa, mas também um alívio. Era uma espécie estranha de liberdade estar diante de um espelho e se ver claramente. Pela primeira vez na vida.*

Paul foi dominado pelo remorso. Era doloroso olhar para ela. Doía mais ainda enxergar a verdade — que o sofrimento de Michael era, em grande parte, culpa sua também. Se tivesse ido procurá-lo só uma vez, como Miriam havia dito, talvez as coisas mudassem, mas fora orgulhoso demais, achara que era o dono da verdade.

— Eu *é que sinto muito* — ele disse. — *Sinto demais. Pode me perdoar?*

⁂

À s vezes, a venda que cobre nossos olhos cai e no mesmo instante podemos ver com clareza.

Paul nutriu ódio por Angel durante anos, desde que ele lhe dera uma carona até o Pair-a-Dice e exigira a única forma de pagamento que ela tinha a oferecer. Ela jogara a traição a Michael na cara dele, e ele passara os anos seguintes tentando encobrir a própria culpa, fingindo que ela era culpada de tudo. Abandonar seu ódio significaria admitir o próprio erro, de modo que ele se mantivera firme, aproveitando todas as oportunidades para ferir Angel com gestos e palavras. Mas seu ódio lhe custara mais do que custara a ela, fazendo dele uma pessoa amarga e ressentida, mesmo anos depois de Angel sair de casa.

E então, em apenas alguns minutos de conversa, a venda caíra dos olhos de Paul. Angel havia partido não porque não amava Michael, pelo contrário. Ela havia desistido do amor e da proteção porque achava que era o melhor para Michael. E agora Paul estava cara a cara com seu próprio pecado, fealdade e culpa. E não podia mais evitá-los.

O que o chocou depois de todo esse tempo foi a sensação de alívio quando viu a si mesmo com clareza, quando admitiu o que havia feito. Ser honesto sobre seu fracasso o libertou.

No Salmo 32, Davi apresentou uma imagem vívida sobre como é tentar esconder nossos pecados de Deus:

> Quando eu guardei silêncio, envelheceram os meus ossos pelo meu bramido em todo o dia.
> Porque de dia e de noite a tua mão pesava sobre mim; o meu humor se tornou em sequidão de estio. (Selá.)
> Confessei-te o meu pecado, e a minha maldade não encobri. Dizia eu: Confessarei ao Senhor as minhas transgressões; e tu perdoaste a maldade do meu pecado. (Selá.)
>
> (Versículos 3-5)

Quando tentamos encobrir nosso pecado, é porque esquecemos a liberdade que advém de admitir a verdade. Estamos tão acostumados a nos esconder que esquecemos como é ser totalmente conhecido e perdoado. Mas, quando confessamos, reconhecemos para nós mesmos e para Deus o que se interpõe entre nós. Admitimos que precisamos de perdão. Só então podemos recebê-lo — e ser restaurados.

O perdão também é o caminho para restaurar nossos relacionamentos com os outros. Paul sentiu um enorme alívio quando confessou a Angel como a havia machucado e lhe pediu perdão. Depois de transcorrido todo esse tempo e de passada toda essa dor, a cisão no relacionamento deles poderia ser curada.

Em Colossenses, o apóstolo Paulo escreveu sobre a maneira como os cristãos devem tratar uns aos outros:

> Revesti-vos, pois, como eleitos de Deus, santos e amados, de entranhas de misericórdia, de benignidade, humildade, mansidão, longanimidade;
> Suportando-vos uns aos outros, e perdoando-vos uns aos outros, se alguém tiver queixa contra outro; assim como Cristo vos perdoou, assim fazei vós também.
> E, sobre tudo isto, revesti-vos de amor, que é o vínculo da perfeição.
>
> (3,12-14)

Amor e perdão ajudam a separar os que creem em Deus. Eles são testemunhas para o mundo, porque não são uma reação natural. Quando um homem armado invadiu uma escola *amish* na Pensilvânia e matou cinco meninas, o mundo ficou chocado com a resposta da comunidade. Mesmo estando de luto, eles fizeram questão de perdoar o assassino. Alguns foram ao funeral dele e abraçaram sua viúva. Eles doaram dinheiro à família e levaram comida.* A capacidade da comunidade *amish* de deixar de lado o desejo de vingança foi um testemunho não de sua bondade inerente, mas sim do perdão de Deus que opera por meio deles.

Perdoar os outros significa abrir mão das mágoas às quais nos apegamos e de nossa necessidade de ter a última palavra. A recompensa é um relacionamento restaurado, em que os erros do passado não mais atrapalham o amor e

---
* Joseph Shapiro, "Amish Forgive School Shooter, Struggle with Grief", NPR, 2 out. 2007. Disponível em: www.npr.org/templates/story/story.php?storyId=14900930.

a comunhão. Podemos nos olhar nos olhos de novo, sem precisar nos preocupar com o que aconteceu. Quando os erros são abertamente reconhecidos e abandonados, podemos seguir em frente.

Outrora, as interações de Paul e Angel eram repletas de tensão e conflito. Agora, cada um deles seria um lembrete para o outro da bondade de Deus, em vez de um sinal de seu próprio fracasso. O relacionamento deles seria um testemunho da restauração de Deus.

Você está em um relacionamento difícil? Como a relação pode ser transformada e restaurada pelo poder do perdão? Lembre-se de que o perdão de Deus nos permite perdoar as outras pessoas.

> *Existe alguém a quem precise perdoar ou pedir perdão? Peça a ajuda de Deus e decida-se a dar um telefonema, escrever uma carta ou encontrar-se com essa pessoa para restaurar o relacionamento.*

DIA 38

❦

Uma ponte para Cristo

Às vezes tentava não pensar *nele, porque a dor era grande demais. Mas a necessidade dele estava sempre presente, aquela sede infinita e sofrida. Ele havia aberto o coração para que Cristo entrasse na vida dela. Através dele, Cristo a preenchera plenamente.* Michael sempre lhe dissera que tudo tinha a ver com Deus. Agora ela sabia que era verdade.

E saber que ele tinha sido a ponte entre ela e o Salvador só fazia com que o desejasse ainda mais.

Como posso não ser grata a Michael? Algum dia eu realmente lhe expliquei o que ele fez por mim? O que lhe dei em troca, além de sofrimento?

Mas agora ela tinha o que oferecer. Tinha enfrentado Duke. Tinha trilhado o caminho que Michael lhe havia ensinado. Por causa dele, as pessoas confiaram nela e a apoiaram na construção da Casa de Madalena. A vida estava sendo boa com ela, e tudo por causa dele, pelo que tinha visto nele. "Procure e encontrará", Michael lera certa vez para ela, e foi isso o que ela fez.

Quem o ajudou em sua jornada de fé? Quem lhe mostrou Cristo por meio de suas palavras e ações?

Após a visita de Paul, Angel refletiu sobre tudo que Michael havia lhe dado. Foi somente por meio dele que ela alcançou a vida e a fé que tinha agora. Ele a resgatou de uma vida de degradação e cuidou dela depois de ter sido espancada por Magowan — mas isso foi só o começo. Ele a amou na traição e na hostilidade, e em dias em que tinha certeza de que ela nunca o amaria. Ele se doara generosamente a ela, de coração aberto. Leu as Escrituras para Angel e explicou-lhe o que ela não entendia. Respondeu pacientemente à sua ira e a encorajou quando se sentia insegura. Ele orou por ela. Deixou que ela entrasse em sua vida e lhe mostrou como era seguir a Deus.

Michael lhe apresentou as boas-novas de Cristo, mesmo que ela não estivesse pronta para recebê-las, mesmo que as rejeitasse. Ele lançou a base que permitiu a Angel responder ao chamado de Deus posteriormente. Michael foi sua ponte para a fé.

Nenhum de nós chega à fé sozinho. Não importa qual seja nossa formação, todos nós temos pessoas que nos ajudaram a ver a verdade: um pastor que nos explicou as Escrituras, um avô que sempre orou por nós, um amigo que ficou ao nosso lado durante um momento difícil e nos mostrou que ainda havia esperança, um professor que nos encorajou, um colega de trabalho que nos convidou para um estudo bíblico, um pai que mostrou o que significava praticar a fé. Essas pessoas são dádivas que Deus colocou em nosso caminho. E talvez tenhamos tido a sorte de ser esse tipo de dádiva para outra pessoa.

O apóstolo João, em uma de suas epístolas, escreveu: "Não tenho maior gozo do que este, o de ouvir que os meus filhos andam na verdade" (3 João 1,4). Podemos entender o que ele disse? Nossa vida deve ter um impacto sobre as outras pessoas, e não há maneira melhor que ajudar alguém a encontrar Deus. Que alegria poder olhar para trás e ver que Deus usou algo que fizemos ou dissemos para ajudar outra pessoa a dar um passo em sua direção!

No Sermão da Montanha, Jesus disse a seus ouvintes como deveriam viver para exercer impacto sobre os outros:

> Vós sois a luz do mundo; não se pode esconder uma
> cidade edificada sobre um monte;
> Nem se acende a candeia e se coloca debaixo do
> alqueire, mas no velador, e dá luz a todos que
> estão na casa.
> Assim resplandeça a vossa luz diante dos homens,
> para que vejam as vossas boas obras e glorifiquem
> a vosso Pai, que está nos céus.
> (Mateus 5,14-16)

Como deixamos nossa luz brilhar? Claro que nunca seremos perfeitos, mas refletimos aquele que é: Deus. Queremos que os outros vejam que vivemos de maneira diferente porque o amamos e sabemos que ele nos ama. Queremos que os outros nos vejam nos esforçando para fazer o que é certo, não porque buscamos obter o favor divino, mas porque já o recebemos. Queremos que os outros vejam que dependemos de um Deus perfeito, fonte de toda a luz, que restaura a todos nós.

Se você se pergunta como pode exercer grande influência no mundo, pense em como pode mostrar o amor de Deus por aqueles que o cercam. Não precisa ser algo grande. Ore com alguém, mande um bilhete, leve comida ou reserve um momento para conversar com as pessoas que estão passando por momentos difíceis. Compartilhe uma passagem bíblica encorajadora com os demais. Conduza-os em direção a Cristo. Deixe sua luz brilhar.

> *Reserve um tempo para pensar nas pessoas que influenciaram sua vida e o ajudaram a desenvolver a fé em Deus. Escreva uma carta ou um e-mail para uma ou duas delas, contando-lhes como você está agora e como as palavras ou ações que lhe ofereceram o impactaram.*

DIA 39

❧

O amor transformador de Deus

A<small>NGEL CHOROU E CAIU DE</small> *joelhos. Lágrimas quentes caíram nas botas dele. Ela as secou com o cabelo, se abaixou, com o coração partido, e pôs as mãos em seus pés.*

— Oh, Michael, Michael, sinto muito. Oh, meu Deus, perdoe-me!

Sentiu a mão dele na cabeça.

— Meu amor — *ele disse.*

Michael a segurou e a puxou para cima. Angel não conseguia olhar para o rosto dele e queria esconder o seu. Ele tirou a camisa e a pousou nos ombros dela. Levantou-lhe o queixo, e ela não teve escolha senão olhar para os olhos dele outra vez. Também estavam molhados como os dela, só que cheios de luz.

— Esperava que você voltasse para casa um dia — *ele disse e sorriu.*

— Tenho tanta coisa para lhe dizer. Tanta coisa para lhe contar...

Ele passou os dedos em seu cabelo, inclinando a cabeça dela para trás.

— *Temos o resto da vida para isso.*

Pensava que tinha sido salva pelo amor dele, e em parte isso era verdade. Ele a tinha purificado, jamais a culpando por nada. Mas isso fora apenas o começo. Era a retribuição desse amor que a havia tirado da escuridão.

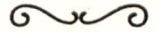

⁂

O amor transforma.
    Vemos repetidamente na história de *Amor de redenção* que Angel foi transformada pelo amor de Michael. Por meio dele, ela conheceu o amor abnegado pela primeira vez. Por meio dele, ela passou a acreditar que havia coisas boas no mundo e que Deus se importava mais com o perdão que com a condenação. O amor de Michael cessou a insegurança de Angel e a ajudou a se abrir para a esperança e a fé. Isso a transformou. No entanto, esse amor não foi a única fonte da mudança de Angel. Ser amada foi o primeiro passo. Amar foi o seguinte.

Amar Michael deu a Angel a esperança de que ainda havia saída para ela e que ela ainda era capaz de se preocupar com outra pessoa. Antes, seu objetivo era permanecer só — em sua própria cabana —, mas agora ela encontrava alegria em compartilhar sua vida com outras pessoas e ser útil para elas. Angel pensava no bem-estar de Michael mais que no dela, e isso a levou a sacrificar sua própria felicidade. O fato de ela poder fazer alguma coisa que não fosse em seu próprio interesse indicava que algo agia além dela. Ela sentiu a possibilidade de Deus ser real.

DIA 39: O AMOR TRANSFORMADOR DE DEUS

Amar os outros nos transforma. Quer sejamos pais de uma criança, cuidemos de um ente querido, vivamos com um companheiro ou apoiemos um amigo ou membro da família durante um período difícil, às vezes olhamos para trás, para a maneira como éramos, e mal conseguimos nos reconhecer. Aprendemos — muitas vezes em circunstâncias difíceis e sempre de maneira imperfeita — como colocar os outros em primeiro lugar. E, quando amamos assim, estamos imitando o amor de Deus.

O apóstolo João escreveu sobre o poder do amor divino:

> Amados, amemo-nos uns aos outros; porque o amor
>   é de Deus; e qualquer que ama é nascido de Deus
>   e conhece a Deus.
> Aquele que não ama não conhece a Deus; porque
>   Deus é amor.
> Nisto se manifestou o amor de Deus para conosco:
>   que Deus enviou seu Filho unigênito ao mundo,
>   para que por ele vivamos.
> Nisto está o amor, não em que nós tenhamos amado
>   a Deus, mas em que ele nos amou a nós, e enviou
>   seu Filho para propiciação pelos nossos pecados.
> Amados, se Deus assim nos amou, também nós
>   devemos amar uns aos outros.
> Ninguém jamais viu a Deus; se nos amamos uns
>   aos outros, Deus está em nós, e em nós é perfeito
>   o seu amor.
>
> (1 João 4,7-12)

Releia o último versículo: "se nos amamos uns aos outros, Deus está em nós, e em nós é perfeito o seu amor". Quando amamos os outros com sacrifício, amamos — pelo menos de uma maneira humana — à semelhança do amor de Deus. Isso não só nos transforma, mas também transforma aqueles aos quais nosso amor é dirigido.

O amor abnegado de Michael mudou Angel. O amor abnegado de Angel mudou Paul, uma vez que ele compreendeu como aquilo funcionava, e mudou as jovens com quem Angel trabalhava na Casa de Madalena. Aqueles que compreendem o amor altruísta serão atraídos e transformados por ele.

Em João 13, Jesus falou aos seus discípulos durante a última ceia. Disse-lhes:

> "Um novo mandamento vos dou: Que vos ameis uns aos outros; como eu vos amei a vós, que também vós uns aos outros vos ameis. Nisto todos conhecerão que sois meus discípulos, se vos amardes uns aos outros"
>
> (versículos 34-35).

Nosso amor pelos outros, por mais imperfeito que seja, aponta para o único amor perfeito, oferecido por Deus a todos, o qual é capaz de nos restaurar e nos tornar mais semelhantes a ele.

Como amar os outros mudou você? Agradeça a Deus pelas maneiras como ele tem trabalhado em você por meio de seus relacionamentos. Peça-lhe para ajudar as pessoas que o cercam a vê-lo por meio do seu amor por elas.

DIA 40

❧

Um novo nome

— AMANDA — DISSE MICHAEL, *segurando-a com ternura.* — *Tirzah...*

Sarah, *disse-lhe a voz, serena e suave, e ela entendeu qual era sua maior dádiva. Era ela. Angel se afastou de Michael e o olhou.*

— Sarah, Michael. Meu nome é Sarah. Não sei o que mais. Só isso. Sarah.

Michael se emocionou. Seu corpo todo foi dominado pela alegria. O nome combinava muito com ela. Uma peregrina em terras estranhas, uma mulher estéril cheia de dúvidas. No entanto, a antiga Sarah tinha se tornado um símbolo de confiança em Deus e principalmente a mãe de uma nação. Sarah. Uma bênção. Sarah. Uma mulher estéril que concebeu um filho. Sua linda e adorada esposa que um dia lhe daria um filho.

É uma promessa, não é, Senhor? *Michael sentiu o calor e a certeza penetrar cada célula de seu corpo.*

Os nomes têm significado.

Quando Angel conheceu Michael, ele lhe perguntou seu nome, e ela disse que a chamasse como quisesse. Ninguém sabia seu nome verdadeiro — nem mesmo Duke —, e ela não pretendia mudar isso. Era a única coisa que restava de si mesma, e ela o guardava em segredo.

Então, Michael a chamou de Mara, Tirzah, Amanda. Nomes que refletiam quem ela era e quem ele esperava que ela se tornasse. Mas o tempo todo ele desejou saber quem ela realmente era.

Angel, então, lhe deu um presente: a verdade. Dizer-lhe seu nome verdadeiro era sinal de que ela confiava nele a ponto de saber que ele não usaria essa informação contra ela. Ela era totalmente dele.

Quando Michael ouviu o nome de sua amada, imediatamente percebeu semelhanças com a personagem bíblica Sara, que passou grande parte da vida viajando por outros países — sempre como nômade. Ela se casou com um homem de grande fé, mas parecia ter muitas dúvidas. Deus prometeu a Abraão que ele seria o ancestral das nações, mas Sara se cansou de esperar e incitou o marido para que ele gerasse um filho em sua serva, Agar. Mais tarde, quando um anjo disse a Abraão que nessa mesma época no ano seguinte Sara teria um filho, a resposta dela não poderia ser chamada de fé: "Assim, pois, riu-se Sara consigo, dizendo: Terei ainda deleite depois de haver envelhecido, sendo também o meu senhor já velho?" (Gênesis 18,12).

Embora ela duvidasse, Deus foi fiel. E, quando o filho dela nasceu, ela e Abraão o chamaram de Isaque, que significa "riso" — certamente uma alegre referência a Deus, que manteve suas promessas, apesar da descrença de Sara. O autor de Hebreus a incluiu no hall da fé: "Pela fé também a mesma Sara recebeu a virtude de conceber, e deu à luz já fora da idade; porquanto teve por fiel aquele que lho tinha prometido" (11,11). Sara era uma mulher imperfeita — acaso não somos todos? —, mas ela aprendeu a confiar em um Deus perfeito. Assim como Angel.

Mara, o primeiro nome que Michael usou para se dirigir a Angel, significa "amargo". Sarah significa "princesa". Deus levou Angel para tão longe da dor e da amargura que ela agora sabia quem realmente era: Sarah. Preciosa. Valiosa. Filha de Deus. Amada.

Essas palavras se aplicam a você também. Essa é a realidade daqueles que confiaram em Cristo para que ele os redimisse e restaurasse. Esse não é um final feliz só para dois personagens de um livro; é um final feliz para todos os que creem em Deus.

Certa vez, fomos *rejeitados*, sentimo-nos sozinhos e desprezados.

Estávamos *resignados* com nossa situação, tínhamos certeza de que a mudança nunca aconteceria.

Mas agora fomos *resgatados*. A porta de nossa cela foi aberta e não estamos mais aprisionados.

Fomos *redimidos* — tomados pela mão e conduzidos à liberdade.

Estamos *reconciliados* com Deus. Nosso relacionamento foi reparado.

E agora estamos sendo *restaurados*. Deus nos transforma pouco a pouco, e um dia, quando estivermos diante dele, seremos plenamente quem fomos criados para ser.

O profeta Isaías pronunciou palavras de esperança para que os israelitas se apegassem a elas durante o tempo de exílio. Embora as coisas fossem sombrias naquela época, esta passagem ilustra como Deus os restauraria — e também nos dá esperança para o futuro:

> E os gentios verão a tua justiça, e todos os reis a tua glória; e chamar-te-ão por um nome novo, que a boca do Senhor designará.
> E serás uma coroa de glória na mão do Senhor, e um diadema real na mão do teu Deus.
> Nunca mais te chamarão: Desamparada, nem a tua terra se denominará jamais: Assolada; mas chamar-te-ão: O meu prazer está nela, e à tua terra: A casada; porque o Senhor se agrada de ti, e a tua terra se casará.
>
> (Isaías 62,2-4)

Isaías escreveu que Sião receberá um novo nome — e que nome simbólico! Não mais abandonado ou desolado, ele agora será amado, se deleitará e será escolhido. Essa reviravolta drástica nos descreve também. Nosso passado sempre estará conosco, mas não estamos mais presos a ele. Fomos restaurados e renovados.

DIA 40: UM NOVO NOME

Espero que percorrer a história de Angel tenha lhe dado um vislumbre da graça de Deus, de seu perdão e poder para transformar a nossa vida. Nada é muito difícil para ele. Que você se aproxime dele e seja transformado por seu amor maravilhoso, avassalador e redentor.

> Para que, segundo as riquezas da sua glória, vos conceda que sejais corroborados com poder pelo seu Espírito no homem interior;
> Para que Cristo habite pela fé nos vossos corações; a fim de, estando arraigados e fundados em amor,
> Poderdes perfeitamente compreender, com todos os santos, qual seja a largura, e o comprimento, e a altura, e a profundidade,
> E conhecer o amor de Cristo, que excede todo o entendimento, para que sejais cheios de toda a plenitude de Deus.
> Ora, àquele que é poderoso para fazer tudo muito mais abundantemente além daquilo que pedimos ou pensamos, segundo o poder que em nós opera,
> A esse glória na igreja, por Jesus Cristo, em todas as gerações, para todo o sempre. Amém.
> (Efésios 3,16-21)

Memorize Efésios 3,18-20. Recite-o frequentemente e deixe seu significado permear sua vida.

ANOTAÇÕES

ANOTAÇÕES

Impresso no Brasil pelo Sistema Cameron da Divisão Gráfica da
DISTRIBUIDORA RECORD DE SERVIÇOS DE IMPRENSA S.A.